千万教育

教育学讲授纲要

Outlines of Educational Doctrine

【德】约翰·弗里德里希·赫尔巴特 著
【美】查尔斯·德加谟 评注
盛群力 赵卫平 译

中国轻工业出版社

图书在版编目（CIP）数据

教育学讲授纲要/（德）约翰·弗里德里希·赫尔巴特（Johann Friedrich Herbart）著；盛群力，赵卫平译.—北京：中国轻工业出版社，2017.2
ISBN 978-7-5184-1237-2

Ⅰ.①教… Ⅱ.①约… ②盛… ③赵… Ⅲ.①教育学 Ⅳ.①G40

中国版本图书馆CIP数据核字（2016）第322625号

总 策 划：石　铁
策划编辑：吴　红　　　　　　责任终审：杜文勇
责任编辑：吴　红　　　　　　责任监印：刘志颖

出版发行：中国轻工业出版社（北京东长安街6号，邮编：100740）
印　　刷：三河市鑫金马印装有限公司
经　　销：各地新华书店
版　　次：2017年2月第1版第1次印刷
开　　本：710×1000　1/16　印张：16.25
字　　数：170千字
书　　号：ISBN 978-7-5184-1237-2　　定价：50.00元
读者服务部邮购热线电话：400-698-1619　010-65125990　传真：010-65181109
发行电话：010-65128898　传真：010-85113293
网　　址：http://www.wqedu.com
电子信箱：1012305542@qq.com
如发现图书残缺请直接与我社读者服务部（邮购）联系调换
161339Y1X101ZYW

中文版导读

一、赫尔巴特政治思想和教育思想的时代背景

赫尔巴特（Johann Friedrich Herbart，1776—1841）是德国近代著名的教育家、心理学家和哲学家。他出身于一个司法官的家庭，从小接受了良好的家庭教育和学校教育。

赫尔巴特生活的年代，欧洲大陆的资本主义正处于上升时期，法国大革命已经爆发，然而德国仍处于经济上落后、政治上分裂的封建社会。尚处于发展初期的德国新兴资产阶级具有两面性。一方面，他们向往社会变革，正如恩格斯所指出的："德国中等阶级或资产阶级的政治运动，可以说是从1840年开始，在这以前，已经有许多征象表明，这个国家的拥有资本和工业的阶级已经成熟到这样一种程度，它再不能在封建半官僚的君主专制的压迫下继续消极忍耐了。"[1] 而另一方面，德国资产阶级又具有软弱性和妥协性，不主张急风骤雨式的革命，而希望维持当时社会的基本秩序。赫尔巴特的政治观点和教育思想都深深地打上了时代的烙印，明显地反映出德国资产阶级的两面性。在教育上，赫尔巴特直接受到瑞士著名民主主义教育家裴斯泰洛齐（Johann Heinrich Pestalozzi，1746—1827）的影响，对德育高度重视，对科学教育十分强调，并且以心理学理论作为基础理论来阐明教学问题，这些方面都具有一定的进步性；但与此同时，他对儿童管理方法的论述，对体育和劳动教育等方面的忽视

---

[1] 马克思，恩格斯. 马克思恩格斯全集：第八卷[M]. 中共中央马克思、恩格斯、列宁、斯大林著作编译局，译. 北京：人民出版社，1961：15. ——中文译者注

等，则在某种程度上反映出一定的保守性和局限性。在哲学上，赫尔巴特深受莱布尼茨（Gottfried Wilhelm Leibniz，1646—1716）、沃尔夫（Christian Wolff，1679—1754）、康德（Immanuel Kant，1724—1804）和费希特（Johann Gottlieb Fichte，1762—1814）等哲学家的影响（尤其深受康德和费希特的影响）。此外，总体上来看，赫尔巴特的革命性比不上法国启蒙思想家和教育家卢梭（Jean-Jacques Rousseau，1712—1778），对下层劳动人民的感情则比不上裴斯泰洛齐。

二、《教育学讲授纲要》的主要内容

《教育学讲授纲要》（Outlines of Educational Doctrine）于1835年出版，1841年再版。该书是对赫尔巴特1806年出版的教育代表作《普通教育学》（Science of Education）的补充和具体化，在实践中更具操作性。这两本书可谓姊妹篇，可结合起来阅读，以便加深理解。赫尔巴特除长期担任大学教授讲授哲学和教育学之外，还曾先后创办了师范研究班及其附属实验学校、教学论研究所和教育研究所，根据他的理论来培训教师。《教育学讲授纲要》就吸收了其长期的教育实践经验和研究成果。卡尔·马格尔（Karl Mager）称该书是当时"真正的教书经"。[1]

《教育学讲授纲要》一书共有三编347条。其中"注释"是赫尔巴特本人写的；大量的"评注"是美国康奈尔大学教育科学和艺术学院教授查尔斯·德加谟（Charles DeGarmo）博士写的，这也是该书英文版的一个重要特点，有助于读者加深理解。

本书的"绪论"部分对全书的主要概念和理论基础做了简要的阐述。

第一编分为两章。第一章论述教育学的伦理学基础。第二章论述教育学

---

[1] 赵祥麟. 外国教育家评传：第2卷 [M]. 上海：上海教育出版社，2003：44. ——中文译者注

的心理学基础。

第二编是全书的主体，分为四个部分。第一部分论述"儿童的管理"。该部分又分为两章，第一章从理论方面加以论述，第二章从实践方面加以论述。第二部分论述教学。该部分又分为八章，第一章论述教学与管理和训练的关系，第二章论述教学的目的，第三章论述教学多样性的条件，第四章论述兴趣的条件，第五章论述兴趣的主要类别，第六章论述关于教学内容的不同观点，第七章论述教学过程，第八章论述教学计划。第三部分论述训练。该部分又分为六章，第一章论述训练与管理和教学的关系，第二章论述训练的目的，第三章论述性格的差异，第四章论述道德的差异，第五章论述训练的辅助办法，第六章论述训练的一般方法。第四部分按照年龄分期论述普通教育。该部分又分为四章，第一章论述三岁前儿童的教育，第二章论述四岁至八岁儿童的教育，第三章论述少年时期的教育，第四章论述青年时期的教育。

第三编分为三个部分。第一部分论述特定分支学科的教学。该部分又分为七章，第一章论述宗教教学，第二章论述历史教学，第三章论述数学和自然学科的教学，第四章论述地理教学，第五章论述母语（即德语）教学，第六章论述希腊语和拉丁语的教学，第七章就教学论做进一步的说明。第二部分论述学生的缺点及其纠正方法。该部分又分为四章，第一章论述一般缺点的鉴别，第二章论述在道德上产生缺点的根源，第三章论述训练的作用，第四章进一步分析主要的错误和缺点。第三部分论述教育的组织形式。该部分又分为两章，第一章论述家庭教育，第二章论述学校制度。

关于体育，赫尔巴特在《教育学讲授纲要》中除了在有的章节里零星地谈到外，并未系统地加以论述（这一点从目录中就可以看出），这是他的局限性。此外，在《教育学讲授纲要》的英文版中，"孩子"一词用的是"boy"，可见当时女孩的教育尚未普及。

三、《教育学讲授纲要》中的主要观点评析

（一）教育学的基础

赫尔巴特认为，一门科学的教育学应建立在伦理学和心理学的基础上。前者指出了教育的目的，后者指出了教育的途径和方法等。

1. 伦理学基础

赫尔巴特明确指出，教育的整个目的就是美德，培养美德是教育的终极目标，是人一生的努力方向，单靠学校教育还远不能完成。赫尔巴特接着提出了"五种道德观念"，它们是美德的具体体现。"五种道德观念"包括：①内心自由的观念，主要指良心的形成；②完善的观念，主要指学会对人的道德品质做出评价，力求身心健康；③善意（或仁慈）的观念，主要指避免恶意、尊重善意；④正义的观念，主要指避免争斗，对争斗进行反省；⑤公平的观念，主要指赏罚分明。

赫尔巴特重视人的道德培养，这具有积极意义。但是他生活在德国由封建社会缓慢向资本主义社会过渡的时期，在政治上具有当时德国新兴资产阶级的软弱性和妥协性。他一方面主张社会变革，另一方面又主张维持社会的现存基本秩序。所以，他主张人与人之间、社会各阶层之间要避免争斗，这在当时具有一定的保守性。他的这种思想也反映在他关于儿童的管理和训练的论述中。

2. 心理学基础

赫尔巴特既是一位哲学家和教育学家，也是一位心理学家。他的心理学被称为"观念心理学"，被心理学史专家归入联想主义心理学派，在欧洲心理学史上占有一席之地。他提出的最重要或最基本的心理学概念就是观念（idea），它是指人在经验或活动中所获得的对外界事物的认识（即表象）。赫尔巴特指出，观念有两个主要来源：经验和社会交往。前者主要是指人与自然界的接触，后者是指人的社会活动。所以人既要获得自然科学知识，也要获得社会科学知识。人通过旧观念吸收新观念，并形成所谓观念团（mass of ideas）和观念群（group of ideas），进而再形成思想群（thought masses）。

人的观念越多,知识就越多。从某种意义上说,学习知识也就是获得观念。统觉和兴趣等也是他所讲的重要的心理学概念。此外,他还论述了人的一些心理官能(能力),包括感觉和记忆力、想象力、理解力等。他也强调应注意学生的心理过程。以上这些心理学概念和观点,成为赫尔巴特教学理论的基础。

在赫尔巴特之前,裴斯泰洛齐已提出了"教育心理学化"的口号,要求把教育和心理学相结合,由此开始了"教育心理学化"运动(后也称"裴斯泰洛齐运动")。赫尔巴特直接继承并发展了裴斯泰洛齐的思想,继续推进"教育心理学化"运动(后也称"赫尔巴特学派运动"),为教育学和心理学的进一步结合做出了贡献。

(二)教育过程

赫尔巴特把教育过程分为相互联系的三个部分,即管理、教学和训练。换言之,教育者通过这三种手段去实现教育的目的。

1. 管理

赫尔巴特说:"管理是教育的首要条件。"这里讲的管理不是一般的学校管理,而是我们今天讲的纪律。赫尔巴特认为,管理是做好整个教育工作的前提。他说,"管理的基础在于让儿童有事做",即不能让儿童游手好闲,应安排他们从事有益的活动,例如手工劳动等。他还说,管理"既需要和缓的措施,也需要严厉的措施"。和缓的措施包括权威和爱等,严厉的措施包括严格的监督、命令、禁令和各种惩罚(例如站壁角、关禁闭等)。赫尔巴特认为,实践中无法完全排除体罚,但"应该少用"。总的来看,他偏重于采取严厉的措施,他说:管理需要"收紧缰绳"。赫尔巴特在一定程度上具有"性恶论"的倾向。他说,儿童起初"有的只是一种处处都会表现出来的不服从的烈性",如果任由这种"盲目的烈性"扩大,儿童日后就会形成"反社会的倾向"。[1] 所以,一开始就应把这种苗头压制下去。在这一点上,赫尔巴特的思想和法国教育家卢

---

[1] (德)赫尔巴特. 赫尔巴特文集:第3卷[M]. 李其龙,郭官义,等,译. 杭州:浙江教育出版社,2002:24. ——中文译者注

梭以"性善论"为基础的教育思想是完全不同的。

2. 教学

赫尔巴特提出了"教育性教学"的观点，用现在的话来说就是"教学要具有思想性"。他强调通过知识的传授去培养人的道德。他说："愚蠢的人是不可能有美德的。"[1] 在他看来，知识能使人明辨善恶。赫尔巴特强调知识和道德的联系，强调教学的道德功能，在教育史上较早地揭示了道德教育和知识教学的本质联系，对近代教育学的发展具有重要意义。

除了培养道德这一教育的终极目的，教学的较近的或较为直接的目的是要培养学生"多方面的兴趣"。赫尔巴特把广泛的兴趣分成两大类，每一类又分为三种。一类是经验的兴趣，包括观察的兴趣、思辨的兴趣和审美的兴趣；另一类是同情的兴趣，包括同情的兴趣、社会的兴趣和宗教的兴趣。而这些兴趣就是中学课程设置的基础。观察的兴趣对应天文、物理和地理等自然学科；思辨的兴趣对应数学、逻辑和语法等学科；审美的兴趣对应绘画、唱歌和文学等学科；同情的兴趣对应母语和外语（古典语以及当代外语）等学科；社会的兴趣对应政治、公民、历史和法律等学科；宗教的兴趣对应神学。赫尔巴特的学校课程体系内容广泛，基本上能够适应当时欧洲资本主义发展的需要。

赫尔巴特根据学生心理发展的不同特点，提出了教学过程的四个主要阶段：①明晰，即让学生清楚地感知新的知识，获得明晰的观念；②联想，即让学生把新旧观念联系起来，按照他自己的方式掌握已经学过的知识；③系统，即让学生对已有的知识进行综合、归纳和概括等，形成知识体系；④方法，即让学生通过作业等练习方式把系统化的知识加以应用。赫尔巴特的这一教学形式阶段理论有其合理的因素，在实践中使得课堂教学有序可循，后来学校教师在备课时就逐渐采用了写"教案"这一形式，把课堂教学中几个重要的阶段基本固定下来，但是如果过于刻板，就会产生消极的后果。后来，曾经听过赫尔

---

[1]（德）赫尔巴特. 赫尔巴特文集：第3卷 [M]. 李其龙，郭官义，等，译. 杭州：浙江教育出版社，2002：218. ——中文译者注

巴特讲课的齐勒尔[1]等人把赫尔巴特的四段教学理论发展成五段教学法，即准备、提示、联想、概括和运用，一度受到广大教师的欢迎。

3. 训练

赫尔巴特这里所讲的训练是指道德训练。他认为，这种训练是培养道德的重要途径，是一种陶冶，直接对"儿童的心灵"产生作用。他所阐述的道德训练方法，既包括约束、批评、训斥、谴责和惩罚等较为严肃或严厉的方法，也包括良好习惯的培养、荣誉感的培养、提醒、赞许、表扬和激励等正面引导的方法，如果运用得当，可以在实践中取得好的效果。

四、赫尔巴特教育思想的影响

赫尔巴特的教育思想在当时构成了一种新的教育理论体系。1861年，齐勒尔首次提出了"赫尔巴特学派"的说法，并在莱比锡成立科学教育学协会，研究和传播赫尔巴特的教育思想，齐勒尔也成了赫尔巴特学派的首领。此后赫尔巴特学派逐渐形成，赫尔巴特教育思想的影响在世界各地日益扩大，其中对中等教育的影响尤为显著。在美国，19世纪90年代也逐渐形成了赫尔巴特学派运动，1892年成立了赫尔巴特俱乐部，1895年成立了全国赫尔巴特教育科研学会（1910年更名为全国教育研究学会），每年出版年鉴，传播赫尔巴特的教育思想。在19世纪末的日本，赫尔巴特的教育思想也极为流行。20世纪初，赫尔巴特教育思想传入中国，对中小学教学产生了一定的影响。德国教育史专家鲍尔生曾说："在很长的时期里，人们便把'赫尔巴特理论'和'科学教育理论'作为同义词。"[2] 赫尔巴特的《普通教育学》于1936年由尚仲衣首次从英文版译成中文。20世纪80年代末，《普通教育学》和《教育学讲授纲要》由

---

[1] 齐勒尔（Tuiskon Ziller，1817—1882），德国教育家，曾任莱比锡大学教授。——中文译者注

[2] （德）鲍尔生. 德国教育史 [M]. 腾大春，腾大生，译. 北京：人民教育出版社，1986：165. 鲍尔生即本书中的保尔森。——中文译者注

李其龙从德文版译成中文公开出版,后被收入《赫尔巴特文集》(六卷本)。相对于美国教育家杜威的现代教育理论,赫尔巴特的教育思想是西方传统教育思想的代表。但时至当代,赫尔巴特教育思想的影响仍然存在。例如,德国著名教育学家沃尔夫冈·布列钦卡(Wolfgang Brezinka,1928—)在他1978年出版的《教育知识的哲学》一书中就指出,赫尔巴特的教育观点在德国"仍然有影响力"[1]。他在另一部著作《教育科学的基本概念——分析、批判和建议》的"中译本序言"中也说,该书"立足于启蒙时期发展起来并对许多欧洲国家产生深远影响的德国教育学"[2],他这里所讲的"德国教育学",主要就是指赫尔巴特的教育学。布列钦卡在以上两本书的许多地方共几十次引用了赫尔巴特的话。

---

[1] (德)布列钦卡. 教育哲学的知识 [M]. 杨明全, 宋时春, 译. 上海: 华东师范大学出版社, 2006: 170. ——中文译者注

[2] (德)布列钦卡. 教育科学的基本概念——分析、批判和建议 [M]. 胡劲松, 译. 上海: 华东师范大学出版社, 2001: 中译本序言. ——中文译者注

英文版序言

翻译和评注赫尔巴特《教育学讲授纲要》一书的原因是：第一，向说英语的公众提供赫尔巴特最新的并且也是最完整的教育著作；第二，至少在某种程度上指明自从赫尔巴特搁笔以来教育思想界所取得的进展。

赫尔巴特的教育论著以两个显著的特征而闻名：①在实际教学中的实用性；②系统完整性。善于思考的读者能够发现其每一部分和其他所有部分的关系；教育的目的是如此完全地与方法相互关联，以至讨论中的主题是统觉、兴趣、教学方法、学校管理、道德训练或是介绍某种特定的学习领域，对此读者永远不会感到困惑，他能够发现这一部分与全书的关系。

赫尔巴特思想的显著实用性有赖于其心理学观点，这种观点始终是与具体经验联系在一起的。一个人只要试图把理性心理学应用于实际教学，他就会有点飘飘然了，其思想就开始变得模糊或者至少是笼统了。产生这种情况的原因是，理性心理学论述心理中不变的先决条件。我们可以使自己的工作符合这些标准，但是难以修改这些标准，更不能改变自然界的规律。但是当我们必须论述感知的内容时，就会感到很安适，因为我们似乎能够对此有所控制。我们能够逐步建立道德的行为准则，能够确定持久的兴趣，能够揭示思想与行为的整个发展轨迹，能够确定学习的时间顺序和学习的组成部分。总之，我们能够在一定程度上成功地将教育知识应用于解决一些实际的学校问题。虽然也像科学的其他领域一样，经验主义心理学在最近的50年中有了迅速的发展，但是它从未在实质上背离由赫尔巴特所确定的方向。现在，一些新的教育方法确实已经普遍应用了，但是最主要的驱动力还是经验；现在已经有一点渐渐趋向理性心理学的倾向。从心理学的角度看，这一事实表明赫尔巴特的教育思想似乎与它刚提出时同样新颖和富有生气。

可是，在一个重要的方面，赫尔巴特的体系需要现代化。就像目前我们所经历的那样，我们应把教育和社会条件联系起来。德国从来都不属于英语国家；更何况19世纪初的德国社会与20世纪初盎格鲁撒克逊人后裔的社会也不一样。确实，即使二者在以前有一些相似之处，现在也已完全不同了。因此，加上评注的主要目的是指出《教育学讲授纲要》各个部分的社会含义。

做评注的意图并不是去改进赫尔巴特关于许多重要事情的预见性看法，也不是去解释那些不证自明的论点，或者去补充那些经过观察之后发表的评论（这些评论已经是完整的、正确的和恰当的）。

读者要特别注意赫尔巴特对儿童心理上的弱点和不适所做判断的精确性和启发性，同时也要注意他就合适的应对方法所提出的一些建议。此外，在这部著作中，进行儿童研究的学生不仅会发现对他们所做工作的鼓励，而且会获得帮助（以确定儿童身上有哪些东西是值得研究的）。读者经常会想起这一事实：一本书只要是一位大师所写的，它就是不朽的。

查尔斯·德加谟[1]

1901年1月于康奈尔大学

---

[1] 查尔斯·德加谟（Charles DeGarmo，1849—1934），美国康奈尔大学教育科学与艺术学院教授，本书的评注者。——中文译者注

目　录

中文版导读……………………………………………………………………I

英文版序言……………………………………………………………………IX

绪论……………………………………………………………………………1

第一编　教育学的双重基础

第一章　伦理学基础……………………………………………………………9

第二章　心理学基础……………………………………………………………16

第二编　普通教育学纲要

第一部分　儿童的管理……………………………………………………29

第一章　理论方面………………………………………………………………29

第二章　实践方面………………………………………………………………31

第二部分　教学……………………………………………………………35

第一章　教学与管理和训练的关系……………………………………………35

第二章　教学的目的……………………………………………………………38

第三章　多样性的条件…………………………………………………………43

第四章　兴趣的条件……………………………………………………………49

第五章　兴趣的主要类别………………………………………………………60

第六章	教学内容的不同观点	70
第七章	教学的过程	77
第八章	教学计划作为一个整体	93

第三部分 训练 ... 97

第一章	训练与管理和教学的关系	97
第二章	训练的目的	99
第三章	性格的差异	101
第四章	道德的差异	105
第五章	在训练中提供帮助	107
第六章	训练的一般方法	111

第四部分 从年龄的观点概述普通教育学 ... 138

第一章	最初三年	138
第二章	四岁至八岁	141
第三章	少年时期	147
第四章	青年时期	152

第三编 教育学的特殊运用

第一部分 关于学习特定分支学科的教学的评论 ... 157

第一章	宗教	157
第二章	历史	160
第三章	数学和自然学习	175
第四章	地理	193
第五章	母语	197
第六章	希腊语与拉丁语	202
第七章	教学论的进一步明确说明	213

第二部分 学生的缺点及其纠正 ... 216

第一章	一般的差异	216
第二章	道德缺陷的根源	222
第三章	训练的作用	227
第四章	主要的错误和缺点	230

第三部分　教育组织的评论 ·················233
| 第一章 | 家庭教育 | 233 |
| 第二章 | 学校 | 236 |

附录：赫尔巴特生平和著作年表 ·················239
译后记 ·················241

绪　　论

第一条

学生的可塑性（plasticity）或可教育性（educability）是教育学基本的先决条件。

"可塑性"这一概念，或者接受陶冶的能力，其外延扩展到教育学范围以外。它甚至包含了物质的基本成分。它可以被一直追踪到参与有机体化学变化的一些元素。在高等动物的心灵中可以发现意志可塑性的一些征兆。可是，只有人才能在道德品行方面表现出意志的可塑性。

【评注】一个人如果没有富于青春活力的头脑，就不可能具有接受文化和教育的能力。在现时的实践中，年轻人的这种可教育性简直极少受到怀疑。可是，意志的种种概念，以及随之而来的教授美德的可能性，或者还有训练道德品质的可能性，在哲学上有许多激烈的争论。有两种极端不同的观点：一种观点是宿命论，认为行为是由超出个人能力范围的一些力量所决定的；另一种观点认为意志是绝对任性的，认为行为完全是由个人自己所决定的，与外界的影响无关。宿命论的看法使得道德教育成为呆板的事情；而意志的任性使得道德教育缺乏目的。因此，教育理论必须站在一种中间的立场上，根据这一立场，个人的自主行动和教育陶冶的影响都可得到承认。

第二条

作为一门科学的教育学建立在伦理学和心理学的基础上。前者指出了教育的目的；后者指出了教育的途径、方法和障碍。

这种联系涉及教育学对经验的依赖性。伦理学包括了经验的应用，与此同时，心理学有其出发点，这种出发点不仅存在于形而上学之中，而且存在于经验之中（这种经验可以通过形而上学得正确的解释）。但是，人类的排他的经验主义的知识对于教育学来说是不够的。在任何一个时代，道德、习惯和主张的不稳定性越大，知识就越不够，因为，当新的东西改变了旧的东西时，从以前的观察中所得出的一般化的结论就不再适用了。

【评注】为了接受以下的说法，即伦理学指出了教育的目的，我们必须用一种概括性的方式去想象伦理学。在世界历史的某些时期中，把纯粹个人的（或主观的）品德的发展看成教育的最终目的，这是一种有价值的和适当的想法。其他的世俗性则是普遍的思想。可是在目前，我们把人看成最适合于所来到的这个世界，在现在的世界上最好地发挥了其全部作用。因此，伦理学必须要包含对一个人在每一个生活领域中行为价值的判断。伦理学不仅必须判断神圣感情的精神价值，还必须考虑每一个主体行动，这种行动与行动者的社会、经济和政治环境有关。一个具有值得赞扬的品德的人必定是国家、民族和社会的好公民；他必须具有公益精神、守法并诚实待人。每个儿童都应该被培育成当今文明社会里有用的成员。只有孝心是不够的；它必须有诚实、勤劳、爱国心和公共精神相伴随。对于将品德作为教育目的的那些非社会的或纯粹个人主义的想法必须让位给那些社会的理想，只有通过这些理想，个人和社会的最大福祉才都能得以保障。没有这样的思想，一个工业国（如同现在这样）就会成为人类为了生存而残酷斗争的地方，在这个地方，人们进行着凶猛的斗争，其激烈程度甚于天然丛林里野兽之间的斗争。若我们希望把相互毁伤的斗争转变成互为助益的事，社会合作就是必不可少的。

第三条

一些哲学体系，包括宿命论，及其对立面，即意志的纯粹任性，毫无疑问都应从教育学中清除出去，因为可塑性的概念意指从不确定到确定的一种转变（正如它所暗示的那样），所以它不可能从以上这样一些前后不一致的哲学体系中产生。

【评注】常识克服了甚至最糟糕的一些体系在逻辑上的困难。因此，赫尔巴特的评论没有实际的意义。斯宾诺莎[1]的哲学也许可以轻易地被一位反对者描述为"宿命论的",因为它在物质世界中没有给天佑（special providences）留出空间。然而保尔森[2]教授实际上坚持斯宾诺莎的观点,保尔森在柏林大学是教育理论最著名的推动者之一。赫尔巴特认为康德先验论意志的学说讲的是一种绝对任性的意志,然而康德的追随者们一直是智力和道德训练最积极的促进者。赫尔巴特在这一评论中看到了一种机会,认为他在哲学上的反对者们的意见不值得考虑,而这对他自己的哲学体系是有好处的。如果一位哲学家建立一种"宿命论"的体系,另一位哲学家建立一种"绝对自由意志"的体系,那么前者可以被指责为使得教育不再可能,而后者可以被指责为使得教育缺乏目的。我们知道,教育既不是不可能,也不是没有目的,因此无论如何,我们都可以推定：这两种体系都是有缺陷的。赫尔巴特的这一段话[3]和其他类似的话仅仅是为他的哲学体系辩护的一些间接的方法：对教育理论本身而言,它们并没有真正的意义。

第四条

另一方面,所谓可塑性是无限的这一假设同样是不能接受的。心理学应防止产生这一错误。首先,儿童的可教育性受到其个性的局限。其次,通过教育去任意地左右和影响儿童的可能性也会受时间和环境因素的影响而降低。最后,通过一种内在的过程,成人已有的性格也在发展,而这种发展总有一天会超越教育者的能力范围。

---

[1] 斯宾诺莎（Baruch Spinoza, 1632—1677）,荷兰哲学家,西方近代哲学史上重要的理性主义者,代表作有《笛卡尔哲学原理》《神学政治论》《伦理学》《知性改进论》等。——中文译者注

[2] 保尔森（Friedrich Paulsen, 1846—1908）,德国哲学家、伦理学家和教育家,1878年起任柏林大学教授直至去世,在思想上属于康德学派,是当时所谓"形而上学泛心论"的代表,主要著作有《哲学导论》《教育学》《教育史》《哲学史》《康德传》《伦理学体系》等。——中文译者注

[3] 指绪论的第三段。——中文译者注

第五条

教育似乎因此遇到了障碍，首先是在自然法则方面，其次是在学生自身的意志方面。如果教育的局限性被忽略，那么教育工作的困难确实就是一种真正的困难，这就仿佛显而易见地证实了宿命论和绝对自由意志学说的合理性。

【注释】许多思想家经常在这两个错误的极端之间摇摆不定。当从历史的角度把人类看作一个整体时，他们得出了宿命论，正如谷普洛威科士（Gumplowicz）在其《社会学纲要》（*Outlines of Sociology*）里所阐述的那样。对他们而言，教师和学生似乎同样处于一股强大的潮流之中，师生不是在游泳（游泳是自主活动，自主是正确的观点），而是在被潮流裹挟着往前走，他们的意志完全被忽视。另一方面，当这些思想家注视着某个个体，并且看到他抵制外界的影响（而这些影响也常常包含着教师的一些目标）时，他们就得出了一种完全的自由意志的观念。在这里，他们未能理解意志的本质，为了意志的概念而牺牲了自然法则的概念。年轻教师也具有这种不确定性，这几乎是不可避免的，而这种不确定性受到当时一些哲学的影响；可是，如果他们能够观察到自己观点的动摇性，并且不陷入任何一种极端，那么他们就会获益良多。

【评注】近代科学对人类学和历史的发展性研究会使性急的思想家更加坚信环境的条件完全决定了人的性格和命运，因为人们越来越明显地受到社会和物质环境的影响。然而，在确定种族的心理发展方向的过程中，不管环境的力量有多么强大，它都无法创造生长的力量。世界上所有的阳光和温暖也不能使石头生长发芽，因此，若没有可以发展的头脑，无论哪种外界的影响都不能起作用。赫尔巴特形而上学的要求使他进行了一场抵制康德天生自由的学说或先验论意志的论战；赫尔巴特所承认的全部自由就是心理上的自由，这种自由是通过教学和训练获得的。这场争论属于18世纪形而上学的争论，它不属于近代心理学的争论，也不属于教育上的争论，因为不管一个幼儿身上蕴藏着多么大的自由，都没有人会考虑把这种自由当作可靠的东西，除非到了不断增长的经验赋予这种自由以洞察力和意志力的时候。

第六条

教育的力量既不能被高估，也不能被低估。的确，教育者应力图去发现究竟能做多少工作，但是他必须始终认识到，要依据对结果的观察把自己的探索限定在适当的范围内。为了不忽略任何必要的东西，他需要考虑整个观念理论的实践意义；为了正确地理解和解释某些数据资料（这是通过对儿童的观察而获得的），教师必须经常运用心理学知识。

第七条

在科学研究中，一些概念是要区分开来的，但实际上它们总是混在一起的。教育工作是连续的。教育者总是要同时着眼于每一件需要考虑的事情，它们必须始终努力把将要面临的工作和之前已完成的工作联系起来。因此，在一本论述教育学的著作中，按照学校生活的若干时期，简单地列举所要做的事情，这样一种阐述方式是不适当的。在本书附录中，这一方法适用于提供一种概略的观点；在普通教育学中，对于基本原理的讨论必须放在前面进行。但是我们真正首要的任务必定在于论述（至少是简要地论述）教育学的伦理学基础和心理学基础。

第一编

教育学的双重基础

第一章　伦理学基础

第八条

"美德"（virtue）一词代表了教育的整个目的。美德是内心自由的观念，它在一个人身上发展为一种持续的存在。因为内心自由是洞察力和意志力这两者之间的一种联系，所以一种双重任务马上就被置于教师面前。教师的工作使以上两种因素各自分别成为现实，以便二者可以在以后产生一种永久的联系。

【评注】洞察力可以使人对事物做出正确或错误的认识。这种认识是基于一种自发的或直观的感觉；当某些基本的与意志有关联的品质和理智相遇时，在心灵中就会产生以上那种感觉。正常的心灵对于冲突、恶意、不公正和自私等有一种天然的反感；它偏好与和谐、友好、公正和仁慈相一致的品质。只有当合适的观念存在时，这些情感才会自然地形成。因此，洞察力是一种情感或性格状况，它产生于知识或观念。

当意志和教育所培养的洞察力最终永久地相一致时，美德就形成了。良心赞同每一种善良的行为，不赞同任何违背美德的行为。因此，内心的自由来自良心的赞许；如果受到良心的谴责，就不会有内心的自由。然而，从以上这些简单的陈述也许可以看出，道德品格的发展绝非易事，因为美德有一种变化的特性（虽不能说是一种发展的特性）。当基本的道德观念在家中或在幼儿园里出现时，这些观念是简单的；而在近代文明中，道德就不那么简单了。在有些历史时期，道德具有一种军人的特性（比如在斯巴达和古罗马时代那样）；在另一些历史时期，道德具有传教士的特性（比如在中世纪）。现在，除了道德所一直具有的一种基督教特性外，道德还具有公民的、社会的和产业工人的特性。在一座近代的城市里，道德所具有的本质完全不同于早先它在一个矿区的城镇里所具有的本质。而且，道德在其发展过程中是不平衡的。例如，有的民族长期地并且高强度地接受训练，以学会尊重那些没有保护人的财产，因此我们也许完全可以说，这样的尊重已成为一种天性；然而当这些没有保护人的财产与个人形成新的关系时（比如借阅书籍这种情况），我们也许只能看到一种初步的道德心。有哪个学生不会因这种不成熟的道德状况而受害呢？

第九条

然而从一开始，我们就需要牢记在心的是：道德会努力去实现洞察力与意志力之间的和谐的永久存在。要引导学生去做出这种努力是一项困难的工作；无论如何，只有当以上所提到的双重训练得到了很好的实施，才有可能收到实效。通过学习他人的榜样，培养推理的理智是十分容易的；然而，对于学生来说，只有当他的意向和习惯所确定的方向与他的洞察力相一致时，道德的运用才有成功的希望。如果情况不是这样，那就终究存在着一种危险，即学生会故意使其正确的推理判断服从于一种纯粹的精明。从这种意义上来说，罪恶就产生了。

【评注】给予学生充分的机会，让他对别人行为的道德品质做出评价，这样做是有帮助的。首先，最好的机会是那些最不受个人情感影响的情形，因为当儿童是直接相关者时，其评价的质量会受到强烈的个人情感的影响，比如害怕受到责备或惩罚。文学作品提供了最初和最丰富的事例；此外，历史也许是有帮助的，虽然对于历史事件的道德评价而言，常常会出现一些不公平和错误的观点。一部文学作品是一个艺术的整体，所有的联系可以很容易地被理解，但是任何一个特定的历史事件很可能是一个整体的一小部分，对于年轻人来说，这个整体太大了，以致他们理解不了。正是由于这个原因，所以在评价历史事实时，需要谨慎行事。

鼓励儿童在这些不受个人情感影响的情况下做出评价，能够使他正常的是非观念变得更敏锐，并对他的气质形成有力的影响。被用这种方式引导去谴责虐待动物的行为的人，他自己在做事时就会考虑得更周到，不会有意地胡作非为，使别人遭受痛苦。在此过程中，权威和信仰的各种资源，以及识别能力和良心，都应融入其中，从而使美德成为习惯，并防止罪恶产生。

第十条

在其他实践的和伦理的概念中，完善（perfection）的观念意指身体与心理的健康；这一观念意味着对身体与心理两者的高度关注及其系统培养。

【评注】在这里，完善意指功效的完美（completeness of efficiency），而非获得了神圣的东西。一种有效的意志是坚定的、强有力的和果断的，它在追求主要目标的时候是自我一贯的，而不是犹豫不定或不连贯的。同时，道德完善的观念不是一个模糊的观念，这是因为，为了彻底地有效，一种意志必须与一个理性社会的道德秩序基本一致。它对既定法律和风俗习惯的所有偏离都是为了完善这些法律和风俗习惯，而不是为了破坏这些法律和风俗习惯中好的东西。

第十一条

善意的观念提醒教育者避开那种会导致恶意的诱惑，这种诱惑是危险的。另一方面，最重要的是应该使学生充满一种尊重善意的情感。

【评注】善意是三种具体的美德之一，它是社会秩序的基础。善意既有消极的一面（比如心理上不干涉的态度），也有积极的一面（比如城市、企业和社会的充分合作）。学校训练必须力图使学生的头脑铭记以下这一点，即要尊重积极型的而非消极型的善意。同时，学生也必须避免消极型和积极型的恶意的危害，比如贪婪、蓄意犯罪、恶毒、妒忌、背信弃义、吝啬、残忍和冷酷等行为所带来的危害。这些目的如何才能达到？我们稍后将做讨论。

第十二条

正义的观念要求学生避免争斗。此外，它要求对争斗进行反省，这样，对正义的尊重才会深深地扎根在心中。

【评注】没有什么比正义或公道的观念更能对年轻人的头脑具有吸引力的了；甚至最温和的天性也会对非正义的现象感到愤慨。在我们的作者的思想中，正义的观念的基础就是自己天生对争斗不满。在这样一种争斗中，只有一方能够赢。首先，它涉及财产权；其次可能涉及其他一些关系，在这些关系中，两种或更多的意志处于争论之中。与财富的获得、占有和支配有关的正义是每一种评判制度中占据较大部分的主题。正义的观念是文明社会所必需的三种具体美德中的第二种。

第十三条

公平的观念特别涉及以下的情况，即学生故意给他人造成痛苦，作为回应，该生应受罚。在这里，惩罚的尺度必须仔细加以确定，并被确认为是合理的。

【注释】这种惩罚不应与教育性惩罚相混淆，所谓教育性惩罚就是通过自然后果实现的惩罚。

【评注】第三种具体的道德观念就是公平（equity）或报答（requital）的观念。当现有的与意志相关的品质为了好的或坏的目的而被改变时，这一观念就产生了。自然的要求就是，报答和功绩相当。对好的行为不做报答，我们称之为忘恩负义，这是人类最可恨的缺点之一。在原始和野蛮状态中，私人报仇是报复各种伤害行为的一种通常的办法。这种制度的残余仍然存在于某些人口稀少的地区人与人之间的决斗以及剧烈的长年不断的争斗之中。文明要求的是，对恶行的报复应该由现行法律的执行者去实施。只有采用这一方式，社会才能免于破坏性骚乱。在这一方面（就像在其他许多方面一样），学校就是具有制度的世界的雏型。在一种相当大的程度上，教师就是立法者、法官和执行者。教师对其学生的道德影响很大部分取决于他对违法行为的态度的公正。善意，正义或公平，以及报答，这是三种基本和具体的道德观念，个人和民族的高尚品格都是以它们为基础的。另外两种观念就是内心自由的观念和功效的观念。它们虽然是品格的外在表现（即缺乏积极的内容），但是与其他更具体的观念是同等重要的。

第十四条

只要有若干学生在一起,自然地(也是小规模地),在那里就会出现一种法律和奖惩的制度。这一制度和各种要求必须协调一致(这些要求是在整个社会中由以上各种观念所产生出来的)。

【评注】学校是一个微型的世界,它是由道德观念体系来管理的,这一体系和社会上所通行的制度是一样的(见第一百八十二条、第三百一十条)。

第十五条

行政制度的思想对于教育学非常重要,因为每个学生不管其身份或社会地位如何,在社会的统一体中都必须养成合作的态度,从而使他自己成为有用的人。这一要求可以使教学采取许多种不同的形式。

第十六条

就文化制度而言,在这里只能强调普通文化,而不能强调特殊训练。

【注释】对学生而言,前面已简要陈述过的实践哲学的原则是其深入了解道德的起点。如果相应地再加上用以指导意志的决心,并且如果学生能服从这一决心的话,那么,这样的服从就形成了道德。只要更高级的服从还未牢固地确立起来,那么与其截然不同的就是那种对教师个人的服从(其动机是对教师的害怕或喜爱)。

第十七条

对教育工作而言,完善的观念因为被不断地应用,就显得比其他一切都突出(虽然它并未达到特别重要的程度)。在尚未成熟的人身上,教师可以发现一种力量,这种力量要求人持续不断地注意去加强、指导和集聚它。

【注释】"请自我完善"（perfice te）这一格言既不像沃尔夫[1]所宣称的那样具有普遍性（仿佛它是伦理学唯一的基本原则），也不像康德[2]所描述的那样要不得。从数量上来看，完善[3]（即已达到完满的状态）是第一紧要的任务，因为无论在哪里，人总是显得比自己所能达到的更低下、更渺小、更虚弱和更狭隘。从"成长"（growth）这个词的各种意义上来说，它都是儿童的天命，并且是将来可以希望他身上所具有的任何有价值的东西的首要条件。如果试图用"自我完善"的原则来定义全部的道德（这本身就是一个大的错误），就会使这一原则丧失其真正的意义，因为从来没有哪一个单一的实践观念能够详尽无遗地包含这一术语的全部内容。下面的评论的含义是完全不同的，它只适用于教育工作实践。

第十八条

从严格的意义上来说，完善的观念的坚定性很容易将一种不真实的东西引入道德教育。对于有所要求的功课、练习和成绩的相对重要性，学生可能会得出一种错误和模糊的观念，并且因此而受到蒙骗，以致误认为只要这些要求得到了满足，他基本上就是完美的了。

第十九条

就这一原因而言，如果其他人想要这么做，那就有必要将适当的道德教育和宗教训练相结合，前者在日常生活中不断地把重点放在正确的自我决定上。所谓"真正有价值的东西已得到了"这种看法需要通过谦虚的行为来缓和

---

[1] 沃尔夫（Christian Wolff，1679—1754），德国唯心主义哲学家、心理学家和数学家。——中文译者注

[2] 康德（Immanuel Kant，1724—1804），德国哲学家、教育思想家。其学说深深影响了近代西方哲学，并开启了德国古典哲学和康德主义等诸多流派。代表作有《纯粹理性批判》《实践理性批判》《判断力批判》《道德形而上学原理》等。——中文译者注

[3] 这里的"完善"一词，英文为"perfection"，德文为"vollkommenheit"。——中文译者注

其绝对性。反过来讲，宗教教育也需要道德，以防止伪善和虚伪的言行。要实现这一点，除非道德通过认真的自我剖析和自我批判以获得一种坚固的基础（这种剖析和批判旨在使人变得完善）。最后，因为只有当洞察力和正确的习惯已经养成的时候，道德训练才能进行，所以宗教教育也不应开始得过早，当然也不应被不必要地推迟。

【评注】众所周知，希望赋予道德品格以一种宗教基础的美国教师面临着什么样的障碍。如要了解关于这一问题的来自许多不同观点的详尽的讨论，读者可以查阅《宗教教育的原理》(*Principles of Religious Education*，Longmans, Green & Co., New York, 1900)。该书包含了一些著名的学校工作者和其他人士的系列演讲。

第二章　心理学基础

第二十条

的确，将人的心灵看作各种各样官能的集合体，这是一个错误；但经常还会有人对以上看法补充说，各种官能实际上归根结底服从同一种有效的原则，这样一来，以上的错误就变得更严重了。我们不如使用一些传统的术语来区别各种心理现象，而这些现象和经验有关（不同的经验相继占据主要地位）。以这种方式，我们知道了精神生活的一些主要特征，并足以使我们认识到运用心理学的必要性。

第二十一条

主要的感觉活动阶段之后是记忆的阶段，从这种意义上来说，记忆就是以前所形成的系列感知的准确再现。人们对高级活动的路径迄今为止还缺乏了解。唯一应特别提到的事情是：系列感知的存在时间通常是短暂的（除非通过经常的重复使之延长）；以上这种情况是必然的，因为系列感知在形成的时候会不断受到干扰，这是由于人们对新印象有很强的敏感性。

第二十二条

年龄很小的儿童在游戏和说话中就已能表现出自我活动的形式，而这种形式被归结为想象。

最简单的玩具，假如它们是能够动的，并且能引起感知的变化和联结，甚至伴随着强烈的情绪，那么它们就会使作为旁观者的成人感到惊讶，并且也许会引起忧虑，唯恐这些杂七杂八的念头成为孩子固定的观念。不管怎样，只要情绪上的激动不威胁到健康，并且这种激动的情绪能很快地消失，就不应该害怕它会带来什么不好的结果。正相反，一种强烈的游戏冲动是一种有希望的迹象，尤其是当孩子的这种冲动充满活力地显现出来的时候（尽管在身体虚弱的儿童身上，这种冲动出现得较迟一些）。

第二十三条

很快地，在接下来的一段时间里，对外部事物的观察促使儿童提出无数的问题。在这里，那种被称为形成判断力的活动开始与推理连在了一起。儿童现在努力将新的东西纳入到他头脑里已有的概念中去，并在这些东西上面用熟悉的词语标上记号。他还远不能领会一系列抽象的思想，不能使用完整的句子，也不能始终理智地行动。极小的刺激都会使孩子再次出现幼稚的行为。

第二十四条

同时，除了自身的快乐和痛苦的情感之外，儿童还会表现出对他人的好感和反感。此外，儿童还会表现出一种表面上似乎坚强的意志（这种意志和一种强烈的抵触心理相联系），除非这种意志在早期受到了抑制。

第二十五条

另一方面，作为一种规则的伦理判断在儿童身上起初很少表现出来，即使有所表现也是稍纵即逝的。这种情况说明，如果以后不顾儿童身上固执和自私的特点，硬要去教他们掌握道德和较高的艺术感赖以为基础的伦理判断能力，那将是困难的。

第二十六条

儿童较少提问题，但是他会试图去处理和计划一些事情。他正在依靠自己去获得知识并变得聪明起来。他对比自己年长的人的敬意也在逐步增长；他害怕成人的训斥并且敬畏他们的优势。同时，同龄的儿童之间会发展出更紧密的联系。从现在起，要观察他就变得更加困难了。教师如果以前对这个年龄阶段的儿童不了解，那么在有关这些儿童的问题上，他的想法也许就会长期地出错,并且他也将不太可能获得完全的坦诚。

儿童的这种沉默寡言或多或少地表现出自主的意识,通常被归因于纯粹的理性。

第二十七条

随着系统化教学的开始,一些心理官能的名称具有了新的价值。不管怎样,心理官能的含义表现出一种显著的差别。现在儿童依靠记忆来获得被指定的系列知识(既不增加也不减少),记忆的顺序或固定或不固定(视具体情况而定),这些知识与旧的观念通常只有少量的联系。儿童运用想象来认识遥远的国家和时代的事物是我们期待的。儿童能从数量有限的个别情况形成一般的概念,确定这些概念的名称并且将其联结起来,这种理解能力也是我们期望儿童掌握的。教师很少期待学生道德判断力的发展;服从命令则是对学生的要求。这一类的服从主要取决于事情的容易程度,因为容易,所以先前的观念被回忆起来并且联结在一起,以回应(但不超越)一种特定的刺激。在极端情况下,对惩罚的害怕会有效地取代其他所有的动机。但是一般来说,记忆的任务即使通过学生对教师的敬畏而有效地强制布置下去,如果没有监督,学生也较少会服从要求。

第二十八条

许多学生显现出一种难以理解的不同情况。他们在自己的活动范围内显示出一种良好的记忆力、一种生动逼真的想象力和一种很强的理解力,但教师对所有这些都不相信。也许这些学生能够控制他们的游戏伙伴,因为这些学生具有较高的智力,或者至少受到其伙伴们的尊敬,但是他们在课堂上显得平庸无能。这样一些经验表明,要使教学适当地促进学生的内在发展是有困难的。同时,以下这一点是明显的,即通常被归结为各种心理官能的作用的东西出现在一定的观念群(group of ideas)中。

第二十九条

成人有一个观念群对应于其教会，另一个观念群对应于其家庭，还有第三个观念群对应于社会，等等。这些观念群虽然部分地互相影响并相互制约，但远非在每个地方都联系在一起。这在孩子小的时候确实如此。孩子拥有一个观念群对应于学校，另一个观念群对应于家庭，还有一个观念群对应于游戏场，等等。这一事实比所谓"有意识的自我克制"更能够解释人们所观察到的以下情况，即一个孩子在家中或在学校里和在陌生人中间完全判若两人。

第三十条

每一个观念群都由一些观念的混合体和观念系列及其联结体所组成；假如观念的混合体是完善的，它就如同不可分割的整体那样在意识中活动；假如观念系列及其联结体不受控制，其组成部分就会一个一个地相继显现出来。在这些混合体和观念系列中，各部分之间的联系越紧密，观念在意识中活动所遵循的规律就越确定，对阻碍其活动的一切东西的抵制也就越强，因此，想通过教学去加以影响就会有困难。可是，它们容许增加别的东西以及重新组合，因此在时间的进程中可能会经历一些实质性变化；如果在不同的场合下被重复要求进入意识（例如，经常在不同的听众面前做同样的演讲），到了一定的程度，它们甚至会改变自己。

事物的一般概念就是事物特征的合成物或混合体。对于教学而言，其他重要的合成物的例子可由一些符合逻辑的概念和话语来提供。但是，因为不同语言的词汇也许很复杂，或者与同一个概念结合在一起，同时相互之间没有密切的联系，所以应该注意的是，如果一个特定的事物或概念出现在不同的时候，它可能起先和这种语言结合在一起，然后又和另一种语言结合在一起。然而，如果对一个特定的事物进行重复的认知，那么后面的认知会不同于先前的认知；早先的观念和后来同类的观念通常结合得如此充分，以至它们两者之间的差别虽然能被人感觉到，但极小。

第三十一条

当思想在言语中被体现出来时，观念群的内部结构在一定程度上是看得清的。它最一般的样子在时间结构中被显露出来。连接词尤其重要，虽然它们自身并不表示具体内容，但它们对于特定的听者起到了暗示的作用。它们向听者指出说话者言语的逻辑关系、对立面、明确性或不确定性，因为连接词的意义可以归结为起连接、否定和肯定等作用。应该注意的是，缺乏和拒绝与否定性有关，期待、希望和担心与不确定性有关，因此思想群（thought masses）要考虑的事也必须包括情绪的状态。在儿童知道如何使用语言和利用连接词的帮助来体现特定的思想结构以前，他们早就具有了这一结构，正像他们对情绪的状态有过体验那样。当然，有些连接词，诸如"虽然""或者……或者……""既不……也不……"等，直到后来才会被儿童使用。

第三十二条

对教师而言，一个特定的观念团（mass of ideas）进入意识的难易程度以及它在意识中存留时间的相对长或短，所有这些都与学生观念的内部结构一样重要。此时，我们正面对着有效教学和训练的一些条件。与这一问题有关的，也是最有必要论述的内容，将在下面讨论兴趣和性格的形成时加以阐述。

第三十三条

因此，接受教育的能力并不取决于各种最初的独特的心理官能的相互关系，而是取决于现已获得的观念之间的关系。对每个学生都必须根据以上两个方面来进行研究。

【注释】有些人的早期训练是由不同的人实施的，也许他们的早期生活甚至是在不同的家庭度过的，或者由于命运的变化而不是很安定，在他们的头脑中通常存在已形成的思想群，它们是由不同成分组成的，相互关联性较差。要赢得这样的孩子真诚的热爱也并非易事。他们抱有内心的希望，他们感觉到一些悬殊的差别，以上这些现象的性质是难以了解的，并且这些现象很快会向各方面发展，而教育常常不能鼓励这样的发展。更能受到教育影响的是这样一些学生，即他们长时期只接受一个人（尤其是母亲）的指导，而指导者对这些学生抱有充分的信心。现在需要做的是，把对学生进一步的训练建立在已有的基础上，而不应有突然的跳跃。

第三十四条

现在，为了充分了解每个学生接受教育的能力，有必要进行观察，即观察学生的思想群和他的身体素质。对后者的研究包括对气质尤其是情绪敏感性的了解。就某些学生来说，最初的自然冲动是害怕，而就另一些学生来说，他们的冲动则是愤怒；某些学生一会儿笑，一会儿哭，情绪很容易转换，而另一些学生则不是这样。在某些情况下，一个很轻微的刺激就足以使有些学生血液沸腾。此外，我们需要注意：

（1）学生的游戏。他们是否仍然用一种完全是孩子般天真的方式去玩耍他们拿到的任何物体？他们是否有意识地改变自己的游戏以适应变化了的喜好？能否发现他们持续渴望某些独特的东西？

（2）他们在学习中所显示出来的心理能力和过程。学生能够领会较长系列的观念，还是只能领会较短系列的观念呢？他们在背诵的过程中会犯许多错误还是很少的错误？他们会使学到的知识在游戏中自发地再现出来吗？

（3）他们言论的深度以及言行的一致性。他们的表达是肤浅的还是发自心灵的深处？对他们的言论和行动的比较研究将可以逐步地回答这一问题。

这些观察也将考虑学生精神生活的节奏，以及他们思想储备的特征。这将决定教学的内容和方法。

【评注】读者将不会注意不到，近代对儿童的许多研究在前面的段落中都已有所阐述。对同一问题的进一步的重要论述可参见本书第三编中的第二部分和第三部分。

第三十五条

教学如仅仅是教授信息，就难以确保其能否有效地消除错误并影响现存的观念群（这些观念群是独立于教学所给予的信息之外的）。但是，这些观念正是教育所必须与之取得联系的东西；教学可以提供帮助以引导学生，但帮助的种类和程度取决于其对学生的掌控。

至少，知识材料必须作为原料为有条理的教学服务，否则就很难扩大心理活动的范围。当知识充满活力并且得以迁移时，就能够丰富学生的想象，就会提高知识的价值。如果不能有助于纠正或完善道德判断，或者完善人的愿望和行为（或者兼而有之），那么其道德影响总是令人存疑的。

对以上这一点需要再做一些分析。总的来说，如果教学提高了学生的智力水平，他们的粗野习性就会减弱。由于学生的一些小的欲望扩散到已超出了其增大的思想范围，所以它们单方面失去了能量。此外，如果教学以一种易于理解的方式来描述某种道德问题，学生的素质就会经历一个提高的过程，至少能接近于对意志做出一种正确的判断，即形成道德观念。

可是，当仅仅是知识成为追求的主要目标时，它的好处就易于被坏处压倒。

第三十六条

为了使教学可以对学生的观念和素质起作用，应该开放每一条路径。纯粹的事实是，我们从来都不能预先确切地知道什么将对学生产生最大的影响，这就告诫我们要防止教学的片面性。

观念有两个主要的来源——经验和社会交往。关于自然的知识——不完全的和粗略的——从前者得来；后者使我们获得对同伴的看法，但远未达到值得称赞的程度，相反，它们经常是应该受到指责的。完善这些观念是较为紧迫的任务，但我们也不应忽视关于自然的知识。否则，我们也许就会产生错误、荒谬的想法以及各种怪僻的行为。

第三十七条

因此，我们有两个主要的教学分支——历史的学科和自然科学的学科。前者不仅包括历史本身，也包括语言学习；后者除自然科学外，还包括数学。

【评注】"历史的"（historical）学科必须被解释为包括所有的人文科学，诸如历史、文学、语言、美学，以及政治科学、经济科学和社会科学。"自然科学的"（scientific）学科可以包括应用科学和纯科学，然后我们将工业训练的所有形式添加到课程中去。其他对教学的学科内容的划分方式，常常也是可取的。我们也可以将其划分为人文科学、自然科学和经济科学。经济科学包括一些活动，在这些活动中，人与自然互相影响。哈里斯（Wm. T. Harris）博士说，有五种并列的学科群，他称之为"心灵的五扇窗户"。

第三十八条

因为人会表现出自私的特性，所以每一所承担全人教育任务的学校都有必要将人的环境和关系置于教学的突出地位。这一人本主义的目标支持历史学科的学习，仅根据这一目标而论，对历史的学习应被允许占据优势地位。

【注释】这一观点并不排除别的观点，关于文科中学（Gymnasia），有人认为它们的使命是保护并永远保存古典知识，必须使后一个目标和前一个目标相一致。

【评注】一个有趣的意图是想要实现这里所要求的目标，这个意图可以在约翰·杜威教授的《学校与社会》[1]中被找到，实际上它就是对杜威在其实践或其实验学校中当时正在规划的东西的一种描述（该实验学校与杜威在芝加哥大学任职的部门有关）。

"如果历史教学的目标是要使儿童能够懂得社会生活的价值，能够运用想象去理解那些支持或妨碍人与人之间进行有效合作的各种力量，能够理解性格的种类（它们使人进步或退缩不前），那么，在历史课的教学中，最重要的事

---

[1] 杜威，《学校与社会》（*The School and Society*），芝加哥大学出版社，1899。——评注者注

就是使教师的讲授感人并富有生气。历史教学不能是成果或结果的一种堆积，不能仅仅陈述发生了什么，而必须讲出有说服力的、有用的东西。动机（即原动力）必须突出。学习历史不是收集信息，而是使用信息去构思一幅生动的画面，显示人们怎样以及为何如此这般行事，从而获得成功或走向失败。"[1]

第三十九条

数学学习（从初等算术到高等数学）应该与学生的自然科学知识相联系，也要与他的经验相联系，这样才能进入他的思想范围。如果所产生的观念形成了一个孤立的观念群，那么数学教学不管多么详尽，在教学法上都是失败的。这些观念通常很快就会被遗忘，即便能记住，对个人也没有多大价值。

【评注】也许可以说，在算术的教学中，主要的实际的动机一直是出于实用价值，计算产品的成本成了问题的主要来源。就与数学的相互关系而言，只有自然科学学习中的那些内容才是合适的（那些内容涉及重要的数量关系）。例如生物学（它是定性的），因为它涉及生命，所以它和数学的关系就很小，但物理学和数学的关系就很大。

第四十条

一般来说，教学是否和如何被接受、被精心地设计，始终是一件不确定的事情。为了减少这种不确定性，如果没有别的原因，我们就需要不断地努力，使学生处于一种适合于教学的心理状态。这一任务被纳入训练的范畴。

第四十一条

但是，即使抛开教学不谈，训练还是必须试图去避免学生产生极度的欲望和防止有害的情绪爆发。我们可以承认，在学校生活的时期结束后，个人的

---

[1] 杜威，《初等教育中历史课的目标》（*The Aim of History in Elementary Education*），《初等学校纪事》（*Elementary School Record*），第 8 期，芝加哥大学出版社，1900。——评注者注

特性在这方面还会随时再突显出来；但是随后他们也会获得经验，与这些经验相结合，教育的效果会相应地逐步明显起来，因为教育或多或少已获得成功。教育的效果以自知之明的状态和意义表现出来，成人力求通过自知之明去抑制其天生的缺点。有时会出现一些例外，这些例外看似真实，但在多数情况下都是由人的一些印象所致，而这些印象在很早的少年时代就产生了，并且被长期隐藏起来。

一个人一旦获得了行动的自由，他通常就会尽力去获得一种生活，这种生活在他小的时候似乎是最向往的。因此，训练和教学各自都必须引导学生去防止产生一些不切实际的期望，使他们对不同的社会阶层与专业的幸福和责任有一种真实的了解。

个性训练的完善可以达到什么程度，较少地取决于约束（它是不能持久的），而更多地取决于如何在早期促使学生形成较高尚的动机，这才是可以持久产生影响的。

第四十二条

教育时期所必要的约束，较大部分被归入另一个方面，即管理。除了教育的完整性之外，儿童和成人一样需要经历那种由人类社会所强加于每个人的克制的过程；他们必须受到约束。国家把这一工作委托给家庭、监护人和学校。现在，管理的目的涉及目前的秩序；而训练的目的则涉及成人未来的品格。它们的立足点是如此不同，以至我们在教育学体系内必须相应地在训练和管理之间做出必要的区分。

第四十三条

管理的效果主要取决于管理的纪律措施被感受的强度。只有良好的训练才能确保学生产生正常的感受性。当然，当不守秩序的儿童制造混乱时，我们要做的第一件事就是管理，亦即恢复秩序；但是如果可能，管理和训练应该一起进行。这两个概念的区分有助于教师的思考，他应该知道自己要做什么，而不是只想到在实践中有一条可觉察到的分隔线。

第四十四条

在以下的篇幅中,我将按三个主题来讨论普通教育学——管理、教学和训练,之后还有必要进行一种更特殊的讨论。管理是教育的首要条件,是首先要解决的问题。接着就是教学和教育理论。最后的篇幅讨论训练。如果训练和教学被分隔开来,就不能指望从训练得到一种持久的效果。出于这一原因,当教师集中注意力于训练的方法时,他还必须始终关注教学,在现时的实践中,训练始终和教学联系在一起发挥作用。另外一种讨论形式是根据年龄阶段来进行的,但它不适合于原理的阐述,这种形式在我们逐渐过渡到讨论一些专门话题的章节时可以使用。

第二编

普通教育学纲要

第一部分　儿童的管理

第一章　理论方面

第四十五条

我们认为，所有的照料和养育的存在是身体生长及其健康的先决条件；教育应脱离溺爱，就如同应避免使儿童进行危险的锻炼一样。一定不要以实际的愿望把儿童引入歧途，也不应以过度的纵容使儿童产生不必要的需求。多大程度上的锻炼才是"安全的冒险"，这取决于每一个儿童的体质。

第四十六条

管理的基础在于让儿童有事做。到目前为止先不考虑智育上可能的收获；无论如何，即使直接的目的仅仅是防止儿童捣乱，也要把他们的时间安排得很充实。可是，这一目的涉及一个要求，即根据学生的年龄充分满足其身体活动的需要，这样导致他们坐立不安的原因就可以被排除。对于某些儿童来说，这种需要比其他人更急迫；有些儿童似乎很难管理，事实上就是因为他们被强迫坐着不动。

第四十七条

如果其他情况相同，自己选择的活动就值得优先考虑，但是儿童很少懂得如何使他们自己充分地和持续地忙于做事。具体的任务（在完成之前不能放弃）比随便的玩耍（那种玩耍容易在厌倦中结束）能够更好地确保秩序。在儿童的游戏中，最好能让那些具有必要耐心的成人去帮助儿童（即使并非总是这样，也至少是经常性的）；可以让成人解释一些图画、讲故事，再由儿童复述，等等。随着年龄的增长，越来越多的作业体现出教学或练习的性质（这些练习源于教学）；这种学习应该适当地通过娱乐活动来加以平衡。

第四十八条

下一步就是监督，还有许多命令和禁令。在这方面，必须考虑若干事情。

首先，在一定的情况下，是否可以收回成命或者允许儿童做曾经被禁止的事情？发布一道比其自身适用范围更广的命令，这样做是鲁莽的；屈服于儿童的恳求和眼泪，或者更糟糕地屈服于儿童强烈且坚决的要求，会削弱管理。

还有一个问题：我们是否能确保儿童服从？如果不让儿童有事可做，对儿童不加监督，这个问题就变得难以确定了。

随着儿童人数的增加，困难也会迅速地增大。在大的教育机构尤其是这样。但是，因为学生的来来往往，这种情况在一定程度上也会出现在普通的走读学校中。

第四十九条

通常的解决办法就是更严格的监督。但是这样做就有使儿童完全丧失服从的诚意的危险，就有促使儿童耍小聪明阳奉阴违的危险。

至于自愿的服从，大多取决于管束和自由的比例（这种比例还是存在的）。假如这种管束针对具体的确定的方面，并且留有自由行动的机会，那么在通常情况下，青少年很愿意忍受许多约束。

在监督的工作中，教师将发现很难完全依靠他自己，如果他只是在规定的时间内主管学生的班级，那么情况尤其是这样。其他人必须帮助他；他自己将不得不偶然采取出其不意的方法。当监督和不必要的不信任联系在一起时，总是一件不好的事情。因此，应使那些值得信任的人懂得：所采取的措施不是针对他们的。

第二章 实践方面

第五十条

因为监督不应该太严,以至使人总感到有压力,所以对儿童的管理既需要和缓的措施,也需要严厉的措施。一般来说,这种效果产生于成人天然的优势,这是一个事实(有时候需要使教师想起这个事实)。无论什么样的监督计划,都必须与所执行的纪律程序相结合。学校应保留记录,不是记录遵守纪律的学生,而是记录那些重复产生不服从行为的学生。迄今为止,这些评论并不包括任何与严格意义上的教育有关的品行的等级和记录;它们局限于我们称之为纪律的方面(这里所谓的纪律,是通俗的说法,但不是严格的说法),也就是说,学生的训练符合秩序的体系(这种秩序在学校里是得到公认的)。

家庭训练很少需要这种记录,但是这样的记录有时也许是有用的。当然,个别儿童无论如何都知道,有人密切注视着他的行动,但是如果他所招惹的责备被记录下来,就会在他的记忆中留下更深刻的印象。

第五十一条

谴责无效之后,教育者通常会施行体罚,试图完全排除体罚将是徒劳的;但是体罚应该少用,应使学生对体罚感到害怕,而不是在实际上施行体罚。

对鞭笞的回忆并不会伤害一个孩子。如果他现在确信,从今以后他不再可能遭受鞭笞这样的惩罚,那么他这样想也不会对自己有任何伤害。但是毫无疑问,实际上通过鞭打去冒犯他的自尊,这将是有害的,尽管他也许对这种身体上的痛苦会很不介意。最有害的做法是(尽管这种做法仍然没有完全被放弃):当儿童已经对挨打变得无动于衷时,再继续鞭打他们。其结果就是愚钝的麻木不仁,甚至此时再采取不得已的溺爱,哪怕维持很长一个时期,也几乎不能使儿童的感情恢复到一种正常的状态。把让儿童挨饿几个小时作为一种起矫正作用的措施，对此反对的意见较少。它仅仅是一种剥夺的手段，而不涉及直接的损害。

剥夺自由是最常用的惩罚形式；假如这种剥夺完全适合儿童的过错，那么这样做就是正当的。此外，剥夺自由也容许有各种各样不同等级的方式，包括站壁角、在一间黑屋子里关禁闭，甚至双手被反绑在身后。可是出于若干重要的原因，这种惩罚不能长时间地进行。除非有小心的监督，否则一个小时的惩罚已经算是多了。此外，惩罚的地点必须审慎地加以选择。

【评注】单独关禁闭（尤其是在一间黑屋子里）在美国的公立学校中是很少使用的（如果曾经有过的话）。关于近代学校的惩罚形式的社会基础的评论，参见第五十五条。

第五十二条

像被逐出家门或者被从一所学校开除等这样严酷的惩罚，应该只有在极端的情况下才能实施。被开除的学生将会出现怎样的情况？他们成了另一所学校的负担吗？假使转学意味着获得原先的自由，那么原来不遵守秩序的行为通常会重新出现。因此，这样的学生必须被置于非常严格的监督之下，并且给予他们新的任务。我们必须依靠新的环境去逐渐消除其旧的不良思想。

第五十三条

一个众所周知的事实是：相较于那些严厉的措施，权威和爱是确保秩序的更好的手段。但是，并非每个人都能够任意地建立一种权威。权威意味着在智力上、知识上、体格上、行为举止上都具有明显的优势。的确，在时间的进程中通过一种讨好的方式可以得到爱——怀着好意的学生的爱；但是恰恰在这里，管理变得最为必要，讨好的做法必须停止。不能以软弱的迁就来换取爱；只有当爱和必要的严格结合在一起时，爱才具有价值。

第五十四条

总的来看，就健康的儿童来说，在他们年幼的时候，管理是容易的。在他们已经形成了服从的习惯之后，管理仍然是容易的。但是管理不应中断。即使只是在几天内不去管理他们或者由陌生人去管理他们，发生的变化也是显而易见的。这时管理就需要努力地重新收紧缰绳——但做得不能过于突然。

如果听任孩子放肆起来，再试图使他们恢复到遵守秩序，不同的孩子将表现出个性的差异。通过友好的行为（这种行为与一种适度克制的措施相结合），很容易使有些孩子恢复合适的学习活动，另一些孩子则具有足够的意识去担忧面临的威胁和避免各种处罚，但是我们也许会不幸地发现，少数孩子唯一的思想就是要逃避监督，而不管他们所面临的结果可能会怎样不好。

如果家庭关系不和谐，甚至在孩提时期，这种态度也会以一种很快的速度发展起来；在青春期，管教他们的困难可能就会渐渐变得无法克服了。

第五十五条

一般来说，我们如下的设想是有道理的：青少年一感到有约束，就将试图冲破这种约束。的确，足够数量的令人满意的活动，再加上约束界线始终如一的严格性，将消除这一类固执的企图。随着孩子年龄的增长，他们追求的对象也会发生变化；于是，约束的边界必须逐渐地扩大。现在的问题是，教育的进展是否已经足以使对管理的需求有所减少。此外，对工作的选择开始由展现在年轻人面前的前途来决定（这种前途是根据他所处的社会阶层和财产而定，还根据他天生的能力和所获得的知识而定）。鼓励这样的追求（其追求的对象对他而言是适当的），并且在另一方面把业余消遣和娱乐减少到无害的比例，这两方面仍然是管理的职责。不管怎样，管理不应该被完全放弃，尤其是当环境让人担忧它会对孩子产生诱惑的时候。

【评注】虽然美国的教师也许不习惯于强调以下这种差别，即管理是为了秩序，而训练是为了性格，不过，这种差别常常以一种被夸大了的形式存在。正像发烧被看作身体机能失调的衡量标准，教室里的混乱则被看作教师工作失败的衡量标准。就像发烧是疾病的普遍症状，混乱就是失败的表示。至于困难真正发生在哪里，在以上两者之中的任何一种情况下，判断也许会出差错，但是某个方面不正常，这一点对所有人来说都是清楚的。公众通常用一位教师所维持的秩序如何来评价他的工作效率，这一事实在过去已经导致过分强调学校纪律。自从赫尔巴特时代以来，保证好的秩序的方法已经有了极大的变化。在公众中间不断形成的社会团结一致的感觉，再加上几乎普遍雇用妇女作为小学教师这种情况，从教师到社会已经改变了纪律的基础。校内外的社会压力已经成为整齐、准时、秩序的主要依靠力量。赫尔巴特想知道，如果一个坏孩子被开除，他的情况将会怎样。现代的回答是：他将被送入教养院（reform school）或逃学者学校（truant school）。从旧时起，教师一直处于学校和个人之间的连接地带；教师不能完全避免这种接触有时所产生的压力，但是，毕竟现在是社会提供了压力（而这种压力以前是由意志和鞭打用的桦条去施加的）。现在，相较于违规行为的惩罚者，教师更多的是学生和有组织的社会之间的调停者。

第二部分　教学

第一章　教学与管理和训练的关系

第五十六条

教学提供了一部分赖以管理儿童的活动，这一部分根据不同的情况可以或大或小。

不论在什么情况下，儿童都必须有事做，因为懒惰会导致儿童捣乱与不可约束。如果活动是有益的工作，例如手工劳动或田间劳动，那当然好。而假如儿童通过活动能够学习有利于将来教养的东西，那就更好。但并非一切活动都是教学，尤其在管理儿童都很困难时，上课并不总是最适宜的活动。与在学校相比，许多正在成长的儿童在工匠、商人或农人那里会更快地学会如何规范自己的行为。管理比教学具有更广的范围。

【评注】所有的手工业培训教师都证实了在指导之下完成体力劳动对于脾气暴躁的人具有安抚静心的效果。如果能够提供恰当的动作练习，那么，即使这所学校里都是玩忽职守或屡教不改的顽童，对于居民来说也是一个吸引人的好地方。大多数孩子都能通过智力活动得到控制，但是也有一些人是离不开肢体活动的。毫无疑问，感官和肢体活动的合理分配将对儿童的发展产生有利的影响。

第五十七条

教学与训练的共同之处在于，两者都是为了教养，也就是为了未来，但是管理所关心的是现在的事情。远非一切教学都是教育性的，在这里有必要加以区别。例如，为了财富、为了外在的成功或出于个人爱好而学习，这使人往往忽略了一个问题：这种学习对其性格有什么影响？只要一个人想要学习某样东西，不管他的目的是好是坏，或不好不坏，对于他来说，最好的教师就是能够以准确、快速和愉悦的方式传授预期技能的教师。这里要谈的不是这种教学，而仅仅是教育性教学。

第五十八条

虽然人的价值不存在于知识而存在于意愿之中，但是意愿并不是一种独立存在的能力，而是扎根于思想之中，事实上，意愿虽然并不扎根于一个人所了解的知识细节之中，却扎根于他业已获得的观念的联合与综合影响之中。同理，心理学先谈论观念的形成，再考虑欲望与意愿，这也就解释了为什么教育学必须先论述教学的理论，尔后才论述训练的理论。

【注释】即使很明显地可以看出，为现在而管理较之为未来而训练更紧迫，但以往人们并未把管理从训练中区分出来；教学则更没有找到它恰当的位置。知识的多少与个人文化相比显得无足轻重。教育作为个性发展总是排在教学之前，好像没有教学似乎也能进行教育。在最近几十年中，人们已开始要求强化学校的工作。文科中学主要是教授人文学科和文化。人们已经意识到，从知识方面出发比从道德情感和性格方面出发更容易教育人，前者可以通过考试来衡量，而后者则不能。人们觉得现在的教学时间太短了，旧时的拉丁文学校也颇有同感，只是没有如此强烈。于是我们就需要讨论每门学科应该花多少教学时间。我们将主要探讨各门课程之间的联系，因为探讨任何一门孤立的学科都没有多大意义。

第五十九条

对于教育性教学来说，其引发的一切智力活动都很重要。教学应当增加而不是减少这种活动，应当提升而不是贬低其地位。

【注释】假如学生整天学习、坐着不动，特别是常常徒劳无益地抄写各种资料，以致迟早对健康造成危害，阻碍身体的生长发育，那么其智力活动也会随之削弱。因此，近年来教育界一直鼓励发展体操活动，但是应当注意，它可能使运动过于剧烈。假如知识需要服从于夸耀和外在的优势——许多公众考试的消极特征，那么它就会使智力活动变坏。学校没有必要展示它们所完成的全部业绩。这种方式使教学不仅违背了自身的真实目的，而且与训练发生冲突，训练必须关注学生的整个未来——高尚的灵魂寓于强健的身体。

第六十条

假如一切智力活动都具有同样的性质，那么教材就显得无关紧要了。经验却得出相反的结论，它表明人的天赋是千差万别的。然而，教学不允许像天赋所表现出来的那样千差万别。教学不能专门用于培养更出色的天才，否则就会忽视甚至压迫学生身上并未凸显的智力功能。教学必须多样化，这也许有助于改善青少年智力方面的差异，这种多样化对于每个学生来说是一视同仁的。

【评注】 教材的多样化不仅源于智力多样化，而且源于社会因素。我们将在第六十五条的评注中展开讨论。

第六十一条

不能让任性与习惯来决定应当教什么与学什么，在这方面，教学与管理的方式截然不同。假如仅仅是为了防止无所事事，那么给儿童分配什么任务就无关紧要了。

【注释】 某些家庭把儿童送到学校里去，仅仅是因为他们在家里碍事，家长认为孩子不应当闲着没事做。因此在他们看来，学校似乎主要是一个管理机构，偶尔才教授一些有用的东西。这样，对于真正的智力文化，就缺少了一种洞见。反过来说，教师有时也没有意识到他们正在给学生安排活动，而这些活动不能超出合理的范围。

第二章　教学的目的

第六十二条

虽然教学的最终目的存在于"美德"这个概念之中,但是为了达到这个最终目的,必须确立一个更为接近的目标,这个较近的目的可以表达为"多方面的兴趣"。从广义上讲,"兴趣"(interest)指的是由教学引发的智力活动。兴趣是不能仅以知识来满足的。我们认为单纯的知识储备对于个人而言可有可无,一个人似乎不会因缺少它而变样。谁牢固地掌握着知识,并有意拓展,谁就对知识有了兴趣。但是,因为这种智力活动是多样化的(见第六十条),所以必须再加一个限定词,那就是"多样性"(many-sidedness)。

【评注】前文已经明确了"美德"一词的内容,那就是能否最恰当地表达教学的最终目的。美德不仅需要包括纯粹的个人或主观因素,例如虔诚和善良的性格,而且应该包括客观的行为和社交的行为。一个正常的儿童一般不会有兴趣对自我情感进行反省分析,他总是自然而然地对自己经验中的客观事实感兴趣。这就给"兴趣"这个词赋予了新的意义。同伴的进取心、在学校或家里的规矩、住房的建造、新机器的引进、邻里间的社交活动、各种因素造成的混乱、年代变革的主要特征——所有这一切都会引起他的关注。这些也正是在普通学校里学习要做的事。文学(阅读)和历史向他展示了人类的行为;前者是理想中的形象,后者是历史上的形象。数学教授了在买卖、生产或建造中如何掌握定量的材料。自然学科让儿童与周围的自然环境亲密接触。地理向孩子们展示了与其相关的工业活动最显著的特征。它展示了庄稼和制造业中的主要生产条件,也给了有关大型商业活动的提示。所有的学科都是自然而然地吸引儿童的关注。兴趣的重要性一点也没有依赖这些客观事实;教学能够传授给学生的洞见和气质是与性格的客观层面息息相关的,而这也正是其亟待发展和最容易接受的层面。

第六十三条

我们可以把间接兴趣与直接兴趣区分开来。可要是间接兴趣占统治地位，即使不导致个人主义，也会导致片面性。个人主义者感兴趣的仅仅是能带给他好处或坏处的一切。片面者总是与个人主义者接近的，尽管他自己都没发觉这一点，因为他把一切都与他生活和思考的自身范围联系起来。他的智力就存在于这个范围内，凡是他无意用来实现其有限目的的手段，对于其智力来说都将成为一种负担。

【评注】对于教师而言，要从兴趣和努力的关系来认识广义上的"兴趣"，这一点很重要。这在赫尔巴特的心理学中具有举足轻重的地位，因为在这个体系中，观念应当是精神生活中的首要元素。而在其他体系中，例如康德、叔本华[1]、哈特曼[2]和保尔森，他们都将"意愿"列在首要位置，首先是无意识或潜意识的努力，然后才是有意识的意愿。这种基本观点的差异可以解释究竟是注重兴趣还是努力。赫尔巴特认为，有意识的情感、欲望、动机之类都能在观念中找到源头，反之，意愿源自由观念而生的各种情感。兴趣对其而言成为一种为了达到特定目的而形成的持久的或者不断更新、不断变化、不断增强的欲望。因此，对于意愿而言，这是一种直接而必要的刺激物。但是，系统论认为意愿是精神生活的首要因素，而将观念仅视为一种能够更为清晰地揭示意愿所达目的的手段，以及一种达到目的的最佳方式。这种系统论很自然地首先关注努力，然后将兴趣置于次要地位或者认为其仅具有极其偶然的功能。杜威博士曾试图调和上述两种观点。[3] 兴趣和努力是互补而非对立的。如果顾此失彼，

---

[1] 叔本华（Arthur Schopenhauer，1788—1860），德国哲学家。他所开创的唯意志主义及生命哲学学派对近代的学术界、文化界影响极深。代表作有《作为意志和表象的世界》《论意志的自由》《论道德的基础》《附录与补遗》等。——中文译者注

[2] 哈特曼（Karl Robert Eduard von Hartmann，1842—1906），德国哲学家，代表作有《哲学体系纲要》《无意识哲学》。——中文译者注

[3] "与意愿有关的兴趣"（Interest as Related to the Will），《赫尔巴特年鉴》附录2，修订和重印本，芝加哥大学出版社，1899。——评注者注

那么就意味着我们为之奋斗的目的脱离了我们自己的个性，所以这些目的一方面需要使其自身变得有趣，另一方面又要努力摆脱兴趣。这种假设是一种错误。我们为之奋斗的目的应该被认为是内在的驱动力，我们所付出的努力是朝着特定方向实现自我价值的尝试。因此，我们行动的目的就是预期的目标。在此期间我们自然充满兴趣。然而依照教育学的说法，兴趣主要关注的是达到目的的手段。如果对手段的兴趣不足，那么儿童在学习时就会注意力分散。他只能给予手段这么多关注，正如他必须做的那样，而剩余的精力被投入到他自己的事情中去，这些事情包括过去的或将来的球类比赛、野餐、在森林里散步、家里或者学校里的私人事务。但是如果在达到目的的手段中有一种活跃的兴趣，那么儿童就能全身心地投入去达成目标，注意力也不再分散，他就会全神贯注地做手头的事情。在学校里这就是学习。当我们的工作单调乏味时，就会使我们分散注意力。这就意味着对于目的的兴趣，比如说是对一美元感兴趣，而不是对达到目的的手段——"一天的劳动"感兴趣。尽管在生活中单调乏味的工作是不可避免的，但是它在学校学习中是不应该出现的。教师必须向学生呈现，他们所学和实际生活确实有所关联。这样就能激发他们对目的的兴趣。然后，教师必须依照学习的心理规律，以满腔的热情和独特的设计来教授学科知识，通过日常课堂学习这种达成目的的手段引发的自然兴趣，使学生关于目的的自发的兴趣也持续增长。这样就产生了集中的注意力、追求知识的热情以及仁慈的道德观念。

第六十四条

在考虑兴趣和美德的关系时，我们必须记住，仅仅是多方面的兴趣，哪怕是对教学产生的直接兴趣，也远不是美德。但是反过来，最初的智力活动安排得越少，对美德的培养也就越少，更不用说考虑多样化的行动表现了。愚蠢的人是不可能有美德的，只有清醒的头脑才能拥有美德。

【注释】前面（第十七条）已经提到，现在急需得到教师认可的实践观念就是"完善"。对于这一观念来说，需要考虑三个方面的因素：各种智力追求的强度、范围与一致性。强度通过"兴趣"这个词表达出来，范围通过"多样性"来表达，下一段会解释"一致性"的含义。

【评注】通过唤醒学习中的多方面直接兴趣，我们可以对性格产生重大影响。这也许是赫尔巴特特有的思想。但是，如果我们考虑到学校里教授的知识触及了所有重要的人际关系本质，换言之，学习成为一种工具，能够向儿童逐步揭示自己在世界中的地位和作用，那么，这就必然能够引发学生对这些学习分支的兴趣，这种基于性格塑造的工作，至少能够深入关注学习中的责任和性情。尽管道德中的兴趣本身并不是一种美德，但它是保障美德的一种重要手段。我们需要让教师在培养学生的性格发展时具备上述理念。这也使教师开拓了新的研究领域。无论是呈现内容还是呈现方式的选择，所有的文学、历史、科学、数学、地理、语言学科都可以从这个角度接受审查。我们应挑选与生活紧密相关的部分，向学生教授知识与生活的重要联系。

第六十五条

与多方面性相反的，不仅有单方面性，还有分散性。多方面性应当是德行的基础，德行是个性的一种品质。因此，很明显，个人意识的统一性是不容损害的。教学应当从多方面培养人，但要避免注意力分散和浪费的影响。如果一个人能够轻松地表达处在各种一致性联系之中的精心编排的知识，并能把它作为自己的东西牢固地保持下来，那么教学就可以避免那些负面影响。

【评注】这个部分提到了学科之间的联系，那么接下来就要对这一主题展开讨论了。同时文中也提及现代中等教育或高等教育中选修课程和选修学习的制度。所教授的科目现在已变得数不胜数，以至选修成为必要的事情，而如果不考虑学生的需求和倾向性而随意确定教学内容，那么情况就另当别论。此外，因为高等教育现在是向所有社会阶层开放，各行各业需要各种各样的教育，所以选修制度是必然的。但是与智力相适应的需求和以往一样强烈，甚至因与社会相适应的需求而得以强化。教育必须将学生置于整个人生之中加以关照，而不是只针对人生的一个小小的阶段。既然"多样性"不可能意味着所有学科的知识，那么就必须将其解释为各个学习领域里的知识。可以允许选修课程强调某一个领域，但是它不能完全忽略任何一个领域。四种或者更多种的语言、各个派别的历史、各种各样的科学以及各类数学分支，更不要说经济、政治和社会科学，这些都是值得教授的内容。如果提供的各个领域的知识都能保证学生对知识呈现的文明抱以明智的认可，那么就可以允许学生将重点放在那些最能提升自己在生活中的品位、能力和目标的学科上。

第三章　多样性的条件

第六十六条

显然，多样性并不能一蹴而就。观点的必要存储只能通过不断努力得以实现，并随之实现联合、概括与同化（见第六十五条）。所以必须交替进行吸收和反思。如同掌握多方面的知识只能循序渐进一样，各种知识的联合亦是如此。

【评注】在"吸收"（absorption）的时候，心智完全受制于对事实的获取和沉思。因此，一个孩子能够以开放的角度来观察新奇的景观，科学家沉浸于观察新的实验结果，哲学家在展现新的思想时对周遭的事物都浑然不知。吸收也许不仅涉及暂时的体验，而且从广义上讲涉及人生中很长的一段时期，例如，当一个学生投入地学习外语时，这可能暂时与他的日常生活没有关联，但在今后的日子里可能会有长期的影响。"反思"（reflection）是对吸收得来的知识进行消化。在吸收了外在信息之后，心智模式将重启，把新近的经验与先前的经验相互联系起来。以这种方式获得的新知识在头脑的有机结构中占据了合理的一席之地。于是这些知识就可以被感知。多方面的知识也就形成了一个统一体。

罗森克兰茨（Rosenkranz）将"吸收"和"反思"称为"自我疏离"和它的去除。"所有的文化，"他说，"不论其特殊的目的如何，都必须经历这两个阶段——疏离及其去除。"他还提到，"心智是即时的（或潜在的）；但是它必须自我疏离，正如以往那样，这样就可以置身事外客观地审视自己；在进一步熟悉某个事物之后，最终将去除这种疏离感……这让人有一种回归的感觉，因为对客观事物的熟悉使即时感的形式（与自我已有的认知的统一）更为丰满。

一开始看起来像是另一个事物的东西，现在看来就是这个东西自身"。[1]这种抽象的陈述表明：①在学习过程中，心智一度沉浸于外界事物，而暂时忽略了它们内在的含义及其与自身的关联；②这个吸收知识的阶段是通过反思完成的，此时头脑感知到观察所得的意义，注意到现象背后的规则和原理，因此能够消化这些知识，将其加工成理性观点并内化。

因为吸收和反思既有可能指较短的时间，也有可能面向较长的阶段，所以我们可以通过它们和背诵之间的关联以及它们在确定学习课程中的重要性来加以研究。我们将重点关注前者。

第六十七条

有些教师极重视阐释说明、循序渐进、层层剖析，并让学生用同样的方式重复他们所讲述的东西。有些教师则宁愿用谈话的方式进行教学，并允许学生有许多表达的自由。有些教师首先要求学生了解主要思想，但希望他们按规定的顺序精准地加以把握。还有些教师要等到学生能自觉地训练自己的逻辑思维时，才感到满意。

各种不同的教学方法便应运而生。但是，一个人往往主要习惯于使用某一种方法，而排斥其他各种方法，这大可不必。我们何不问一下是不是其他每一种方法都有助于培养多方面性呢？要掌握多样化的知识，就需要通过阐释和分析来避免混乱。但是，综合也是同等重要的，这种分析可以从谈话方式开始，继而提出主要思想，并以学生在方法论上的独立思考作为结束。这就是：明了、联想、系统、方法。

【评注】在教学中我们需要做到的是：①明了具体的事实或者必须掌握的要素；②通过"联想"使这些事实彼此相互联系，并且与先前获得的相关事实相关联，以便同化和统觉可以恰当地完成；③当充足的事实得以清晰地呈现并

---

[1]《教育哲学》(*Philosophy of Education*)，第27—28页，纽约，阿普尔顿公司（D. Appleton & Co.）。——评注者注

且充分消化之时，应该"系统化"地将其排序，如果我们学习植物学，或者学习规则和原理，能像学习数学和语法那样细致地分类，那么我们的知识就能更加统一；④必须自始至终保证那些精力充沛的活跃的孩子能够"方法化"地应用先前假定的事实、规则、原理和分类。尽管依据学科本质和学生能力的不同，教学方式会有较大的差异，但这四个阶段也许是最根本的。当一个孩子有能力做一件事的时候，让他经历一个或漫长或快速的过程都是好事；但如果让他去做太简单或者太难的事，那么他就会陷入绝望和困惑之中。这四个阶段的教学方法是非常重要的，它们构成了赫尔巴特学派"教学形式（即基本）阶段论"发展的核心。其主要观点将在第七十条进一步加以讨论。

第六十八条

仔细的研究表明，这些不同的方法是不允许互相排斥的，倒是必须在每一个教学内容范围内按照一定的次序使它们相互联结起来，不管这范围是大是小。这是因为：

第一，开始学习的人只能慢慢地前进，以最小的步伐前进最为稳妥。他必须在每一点上做必要的停留，以便能确切地理解各个知识点。在这样做的时候，他必须把自己的思想完全集中在一点上。因此，对于最初阶段的教学来说，教学艺术首先取决于教师是否知道应把教学内容分解成若干极小的组成部分，以免不知不觉地跳过了某些部分。

第二，关于联想问题，它不可能仅仅受到系统化教学方式的影响，至少在最开始的时候是这样的。在系统中，每一点都有它确定的位置，在这个位置上首先与离它最近的其他各点联系起来，但是同时又与远离它的各点存在一定的距离，并只能通过特定的中间环节与这些远离它的点联系起来，这种联系的本质也并不都是相同的。此外，对于一个系统，不仅应当学习它，还要应用它，而且应当经常地在适当的地方对其进行增补。这就要求具备一种技巧，能使思想从任意一点出发过渡到另外一点上去，向前、向后或向侧面都行。因此，一个系统必须有两项前提：准备和应用。准备在于联想方面，随之而来的应用则在于对系统的方法思考方面。

第六十九条

在第一个阶段，最主要的事情是"明了"各个事物或事实，那么采用最简短的、尽可能熟悉的词句进行讲解较为适宜。而在讲解之后，立即让一些学生（而不是全部学生）确切地进行重复，这常常是适用的方法。众所周知，很多学校甚至尝试过让学生一齐复述的方式，这样做并非完全没有效果。这种方法对于年幼的初学者很多时候是奏效的。

自由交谈是"联想"的最好方法，因为学生能够按他自己的方式掌握已学过的东西，并获得机会去检验或改变偶然的联想，使其联结更加多样化，并消化吸收，他至少能够轻而易举地完成上述学习活动的一部分。如此可以防止单纯的系统学习中的生搬硬套。

相反，"系统"要求更为连贯的陈述方法，陈述的时间必须与复述的时间明确地区分开来。系统通过展示和凸显主要原理使学生感觉到系统知识的价值，并通过强大的完整性使其知识量扩大。假如过早进行系统地陈述，那么学生就无法理解以上优点。

学生通过完成指定的任务、独立尝试与修改获得对系统的"方法"思考的技能。因为这里可以表明学生是否正确地把握了主要原理，同时也表明他是否能在特定情境中识别并应用它们。

第七十条

至于在这里谈到的关于教材的初步分析与随后的逐步联合的问题，无论从广义上还是从细节上，都多少适用于千差万别的教学内容与学科。但是在应用这些原理时，必须根据教学内容与学生的年龄做出更为精确的限定。如果我们记住，教学包括活动的一部分，而这种活动是出于管理的需要（见第五十六条），那么对于现在而言就已经足够了。但是，在教学中应考虑到，教学持续越久，就越会使学生感到疲劳，尽管这种疲劳程度因学生的不同而不同。同时，教学越使学生疲劳，活动取得的成果就越少。这就表明了休息与变换内容的必要性。假如学生确实对某些内容感到厌烦了（不仅仅是不感兴趣），那么我们必须尽可能先让这种感觉消失，至少让它有所缓解，再变换形式继续教授有关内容。为了让时间充裕，很多时候，只有在相关要素的初步教学完成之后很久才能开始系统地讲述。相反，基础的教学往往必须在开始阶段更早地让学生接触到，然后才能考虑进行连贯的教学。对大多数原理的教学应早早做好准备。

【评注】赫尔巴特在研究"吸收"和"反思"的内涵，以及知识的吸收和消化的过程中找到了"四阶段教学法"的基础：明了—联想—系统—方法。其他学者也非常赞同这种分类，并且通常将其与心理学分析相联系。多普菲尔德和威吉特（Dorpfeld & Wiget）指出，在完整的学习过程中心理经历了一个包括三个阶段的标志性的过程：对新事物的"感知"；"思考"，即组织各种观点的逻辑关系；"应用"，即需要运用知识的各种活动。"感知"提供了"知觉的对象"，"思考"给出了"概念"（即规则、原理和概括），"应用"提供了"能量"。换言之，学生心灵中的感官和思考能力使其实现了恰当的运动。

"感知"是一种很好的学习方式，它能够让心灵对事实有所准备，并且会适当地"呈现"事实。最开始的两个步骤是"准备"和"呈现"。第一步，即"准备"，正如齐勒尔所说，其关键特征是分析，其分析了现在存储的意识，使得与现有课程相关的信息都汇总到眼前；第二步，即"呈现"，实质上是"综合"，其功能是将新课程的内容增添到已有的相关知识中。这两个步骤共同构成了"统觉"的初始阶段。

"思考"包含的两个过程也可称为步骤，我们在所有的优秀教学中或多或少都可以观察到这两步。①"联想"将新出现的事物相互联系，或者将其与旧事物相联系，又或者与之前根深蒂固的旧观念相联系，以便对其所知建立理性的联系，尤其是促使学生掌握特定事实中的主要内容；②将知识浓缩成一个"系统"，例如植物学和动物学的分类，或者在算术中相互依赖的各种规则。思考，简言之，涉及观念的联想和概括的衍生。

第三个阶段"应用"是不需要细分的。大多数赫尔巴特的追随者,包括德国人和美国人,尽管他们的方法各异,但是他们基本上遵照了著名的"五步教学法"——

1. 准备——分析 ⎤
2. 呈现——综合 ⎦ 对知觉对象的统觉。

3. 联想 ⎤
4. 总结 ⎦ 思考,对于规则、原理和类别的衍生和排列。

5. 应用。从了解到运用:对发动机力量的运用。

建议读者阅读以下著作继续深入讨论此话题:麦克默里(McMurray)的《通用方法》(*General Method*),德加谟(DeGarmo)的《方法的要点》(*Essentials of Method*),兰格(Lange)的《统觉》(*Apperception*)第 200—245 页,赖因(Rein)的《教育学纲要》(*Outlines of Pedagogy*)[范·利(Van Liew)的译本],赫尔巴特的《普通教育学》(*Science of Education*)[费尔金斯(Felkins)的译本],麦克默里(McMurray,C. A. & F. M.)的《叙述的方法》(*The Method of the Recitation*)。在范·利翻译的《教育学纲要》第 145 页中可以找到多位学者对于教学步骤的观点。

第四章　兴趣的条件

第七十一条

兴趣就是主动性。兴趣应当是多方面的，因此要求多方面的主动性。但是并不是所有主动性都是我们所希望的，只有正当的、适当程度的主动性才是我们所希望的，否则对于活泼的儿童我们只需要随他们自己去，而不再需要教育他们，也根本不需要管理他们了。教学应当端正他们的思想和努力方向，引导他们走上道德规范之路。这样做会使他们在某种程度上处于被动，但这种被动性绝不会压制他们身上较好的主动性，倒是可以激发起儿童身上最佳的主动性。

在这里有必要从心理学上区别有意设计的或"假定的"再现与自发产生的想象。复述已经学过的内容就是前者的例子，而后者则出现在儿童的幻想与游戏方面。仅仅指向死记硬背的学习，会使大部分儿童处于被动状态，因为只要这种学习继续下去，就会排斥儿童原本可能具有的其他想法。然而，在幻想与游戏中，自由活动占主导地位，因此在那种相应地提供幻想与游戏的教学活动中，自由活动也占主导地位。

这种区别并不是为了证实有两门观点截然不同的学科需要始终保持两者的差异。那些不能自动产生且需要通过努力才能进入意识的观点在逐步强化之后可能会自发产生。但是，只有依靠循序渐进的教学，我们才能指望看到这种自发产生的现象。

【评注】兴趣应该是朝向目的自我驱动的活动。教师的部分职能就是帮助儿童巩固某些合适的观点，直到其熟练至自发产生。一个很偶然的建议都可能改变朝向目的的整个态度以及达到目的的方式。有一次，有个学生问老师："我怎么才能花最少的时间和精力来完成这项学习任务？"教师第一次给出了理想的答案。教师说可以通过另一种方式来看待事物，你也许可以思考怎样从学习中获得"最多"而不是"最少"的知识。然后他简要地说明了学习的本质和可能性，于是该生成为课堂中对学习最感兴趣的人之一。一开始，这个学生只是带着间接兴趣进入课堂，将学习视为必须完成的一种任务，以及完成一项单调而沉闷的工作的手段。但是，当他改变了自己的学习态度之后，学习就成为个人追求的目标，日常的努力就是对自我驱动的思考能力进行愉悦的练习。最终，由教师唤醒的这种兴趣转化成了一种学习手段。

第七十二条

教师在教学中应当注意学生的观念是否是自发产生的。假如它是自发产生的，那么可以认为学生是专心致志的，并且对课程感兴趣；假如它不是自发产生的，那么在学生的注意力没有完全消失，学生还没有出现真正的倦怠之前，可以迫使其保持一段时间的注意力。但是这样就产生了一个问题：学生在未来是否还会对这一科目感兴趣呢？

注意力是教育中很重要的一个因素，因此我们必须对其做更深入的探讨。

第七十三条

"注意"（attention）在广义上是指一种心灵态度——乐意形成新的观点。这种意愿可以是自愿的，也可以是不由自主的。如果是自愿的，那就取决于决心。教师不断地用告诫和威胁来保障这份决心。而另一种不由自主的态度则更为理想，效果更好。教学的艺术必须寻求引发学生的注意。这也就是教师一直追寻的那种兴趣。

【评注】"强迫的"（forced）和"自发的"（spontaneous）可能比"自愿的"（voluntary）和"非自愿的"（involuntary）更适合表达两者的区别与联系。这并不意味着有兴趣的活动是违背意愿的，或者与意愿不相干，相反，这是一种需要调用心灵中的全部资源的活动。只有在做最感兴趣的事情时，意愿才表现得如此积极，但是这种活动应该是"自发的"而不是"强迫的"。

正如约翰·杜威博士所说[1]，在赫尔巴特的教育学和心理学主张中存在一个矛盾点：教育学将兴趣视为教育的杠杆、保证自发的心理活动的一种手段；而心理学则将兴趣视为从观念之间的关系中生成的一种感觉。那么就必须先有"假定的"观念，相互之间存在合适的关系，能够激发兴趣，同时兴趣反过来又是一种激发观念的手段。这就变成了一种循环论证。要坚持观念在精神生活中的首要地位，同时又宣扬自我活动预先假定了运动或者冲动行为的首要地位，这也是很难处理的一对矛盾。读者通过接受关于"首要地位"的现代观点而不是关于观念的观点，或者从广义上说是关于"意愿"的观点，就能够避免教育理论中的这些矛盾。关于"意愿"的观点是依据生物学和历史学总结而来的。观念是心灵的一种后期产品，主要是进一步明确我们为之工作的目的，同时对达成目的的最佳手段提出了见解。关于意愿的首要地位，建议读者参阅保尔森教授的《哲学导论》（Introduction to Philosophy）[2]第111—122页。

第七十四条

无意（自发）注意又可分为原始的注意与统觉的注意两种。后者是教学中最重要的，但是它依靠前者，对于前者产生的条件我们也将进一步探讨。

统觉或消化是通过再造以前获得的观念或者将其与新元素结合而产生的，最积极的统觉（但不一定是最出色的）受到自发产生的观念的影响。对此要做进一步的阐述（见第七十七条）。眼下已经清楚，原始的注意是统觉注意的先决条件，否则统觉的观念就绝不可能形成。

【评注】近年来，关于统觉观念或知识同化在心理学和教育学上的重要性

---

[1] "与意愿有关的兴趣"（Interest as Related to Will），第237—241页，第一本《赫尔巴特年鉴》的附录2。——评注者注
[2] 亨利·霍尔特公司（Henry Holt & Co.），纽约，1895。——评注者注

都得到了重视。从心理学理论的角度来看，读者可以参考冯特[1]的《人类和动物心理学》（*Human and Animal Psychology*）[2] 第 235—251 页。卡尔·兰格（Karl Lange）博士在其专著《统觉》[3]中则较好地诠释了这些概念的教育学意义。在麦克默里（McMrray）博士的《通用方法》[4]、德加谟的《方法的要点》[5]和其他很多专著中也都极其重视这一主题。

第七十五条

原始的或最初的注意，首先依赖感官印象的强度。明亮的颜色和高声的讲话比暗淡的颜色和低沉的音调更容易辨识。但是，如果因此就推断最强烈的感知同时就是最合适的，那未免就是一个错误了。因为强烈的感知会迅速削弱人的接受能力，而微弱的感知会随着时间的推移产生积极的构思能力，与那种强烈的感知最初产生的能力一样。因此，我们必须在这方面找出一种可产生中等程度感知的事物。对于儿童来说，假如物体本身不出现，那么即使是一张该物体的图画所引起的直接感知，也完全比单纯的描述更为可取。

但是，在这个阶段，如果在儿童大脑的观念中存在与需要掌握的新表征相对立的事物，即使它们是由教学形成的，它们对于此时应当觉察的新事物也将起到阻碍或抑制作用。假如教学以过快的速度将一个又一个内容堆积起来，那么这正是造成学生不明就里的原因。因此，对于初学者来说，教师必须对一切内容讲精讲细，一点一滴地分析清楚，一步一步地前进，这样才能使学生容易掌握相关内容。

---

[1] 冯特（Wilhelm Wundt，1832—1920），德国心理学家、哲学家，被称为"实验心理学之父"。他是第一个心理学实验室的创立者，构造主义心理学的代表人物，代表作有《生理心理学原理》《民族心理学》《关于人类和动物心灵的讲演录》等。——中文译者注
[2] 纽约，麦克米伦公司（Macmillan & Co.），1894。——评注者注
[3] 波士顿，希思公司（D. C. Heath & Co.），1894。——评注者注
[4] 布鲁明顿（Bloomington），伊利诺伊州，公立学校出版公司（Public School Pub. Co.），1894。——评注者注
[5] 波士顿，希思公司，1893。——评注者注

注意的另一种障碍多半是暂时的，但无论怎样都是很有害的。观念是否在一种平衡的状态中产生，这是一个至关重要的问题。在讲授中和书本中，长句比短句更难理解，因为前者激发了一连串的思想，虽然它们之间有内在联系，却无法迅速沉淀下来、回归正位。如同在阅读与写作时必须注意恰当地运用标点符号那样，如同短句比长句更容易理解那样，教学必须有恰当的停顿和休息，以便让学生有充足的时间花费在每一部分上。否则，堆积起来的思想拥挤到后续的内容上，转而又拥挤到再下一个内容上去，最终就会使学生无法再承受任何新的内容。

第七十六条

原始注意的四个要点是：感官印象的强度；接受知识的经济性；避免产生对业已存在的各种观念有害的反命题；等待被激发起来的各种观点重新获得稳定性。但是在实际教学中要同时满足这几点是很困难的。教师不可过多地进行重复展示，以免超出学生的接受能力。单调会使学生感到疲劳。但是，如果频繁地突然转换教学内容，那么学生就常常会觉得，这一内容与前面的内容大不一样，以至原来的思想还不愿退去。假如迟迟没有做出改变，那么课程就会变得拖沓。如果教学不够多样化，那么课程会变得很无聊，学生就会开小差，于是他们的注意力也随之完全消失了。

教师应该想尽办法研究文学著作，以学习伟大的作家如何避开在叙述过程中碰到的困难。在教学的初期，我们尤其应该借用家喻户晓的作品来打动学生。但讲述诸如荷马[1]等作家的作品，这对于那些业已长大成人而无法再让时光倒流的青年人来说，则未免太泛、太浅显了。但我们一般可以发现，凡采用经典叙述方式的作家，他们在叙述过程中不会轻易地做跳跃，但也绝不完全停

---

[1] 荷马（Homer，约公元前 9 世纪—公元前 8 世纪），古希腊盲诗人。其代表作《伊利亚特》（*Iliad*）和《奥德赛》（*Odyssey*）在很长时间里影响了西方的宗教、文化和伦理观。——中文译者注

留在一处。他们都几乎是在人们毫无觉察的情况下展开故事,至少使人始终感到很自然而无突兀之处,并持久地牢牢抓住同一个思想线索,逐渐地向前演进,直到引出最鲜明的对照为止。相反,蹩脚的作家则毫无顾忌地堆积极其刺眼的对照。这只能获得这样的自然结果:对立的表象相互排斥,在读者脑中留下一片空白。如果教师的目标在于花里胡哨的讲述,那么教师将会遭遇相同的结果。

第七十七条

尽管统觉或者消化、注意(见第七十四条)不是儿童最先产生的觉察能力,但它在幼儿时期已经表现出来了:当他们在那种通常对其来说不能理解的成人谈话中听到个别熟悉的语句并大声重复的时候;当他们长大了一点,用他们的方式讲出那些在绘本中看到的熟悉事物的时候;再大一点,当他们学习阅读时,在书中找出个别与自己的记忆中的名字相吻合的事物的时候……这样的例子是不胜枚举的。我们在这里可以发现,各种观念突然从内心冒出以便与刚才提到的类似的观念结合起来并得以呈现。在所有的教学中都会不断发生这种统觉活动。因为教学只需传授话语,而构成话语意义的观念必须由听者自己提供。但是,话语不仅要让人理解,还要有趣味。这就需要统觉等级较高且能力较强。

一般人都喜欢的诗歌,其作用不在于它教给人什么新东西。诗歌描绘人们已知道的事物,说出每个人都感觉到的东西。它们唤起现存的观念,拓展或者精简这些观念,从而使其达到条理化,并得到强化。此外,当我们感知到一些错误(例如印刷错误、语法错误、绘图错误、注释错误等)时,就会在连续展示观念的过程中产生干扰,使观念之间的联结变得混乱。由此我们便可知道,教学应当如何进行,它应当避免涉及什么内容,以保证学生的学习兴趣。

【注释】统觉注意对于教学来说是如此重要,因此在这里还应对此做些补充说明。"凝视""细察""倾听""摸索"等词表明这种觉察的最高程度,这时在意识中已经呈现了被观察对象的观念,其中也包括感官知觉之类所寻找的观念。这种精神上的结果依赖随后产生的感官印象及其对立面，依赖联合与再现。这些感知可以非常顺畅地引发相应的心理状态，因为这时干扰性的异样感知已经去除，并且离得远远的。从这种最高程度的注意方面回过头来谈谈较低程度的注意问题，我们发现事物的观念还没有形成，至少没有在显要位置呈现出来，因为这种表象首先必须自我再现，而后才能更加形象生动地得以展示。问题是，这一点是能直接成功，还是只能间接成功。如果是第一种情况，观念本身必须足够强烈；如果是第二种情况，观念必须充分地与其他直接生成的观念联合起来，同时再现的障碍必须是可以克服的。

假如统觉的注意已经处在进行过程中，那么就应当被加以利用，而不应当受到干扰。教学应该按照学生期望的方向进行，一直到使学生满意为止。解决方案必须与问题相对应，一切都必须相互衔接起来。不合时宜的休息和外来的干预都会干扰这种注意；同时，让不应当暴露出来的东西暴露出来，这样的统觉也会干扰这种注意。干扰因素包括太频繁地重复一些单词和短语，演讲中的言谈举止——一切无的放矢的谈论，甚至不合时宜的韵律、诗体与修辞，等等。

但是，我们应该避免那些过于简单的统觉。那样的统觉完成得太快，并没有投入足够的精力。我们应当寻找出所有可能的因素让学生做出总结归纳。

首要的规则是，在学生开始学习前，教师就应该让他们投入到所要工作的观念领域中去。教师可以在上课一开始就介绍将要学习的内容的简要概貌，帮助学生聚焦注意。

第七十八条

教学是对学生通过经验与交际所获得的知识的补充（见第三十六条）。这两个基础必须在教学开始前就业已存在。假如它们不存在，那么我们首先必须切实地创造它们。缺少它们对教学而言是一种缺失，因为这样学生就缺少了那种用于解释教师话语的思想。

如同经验与交际一样，早期习得的知识也必须通过后续教学得以拓展和深化。这就意味着要有这样一种整体的教学安排，使以后的学习始终能与以前习得的东西对上号，并能与之结合起来。

第七十九条

通常的教学很少关心学生已有的观念，只看到应当学习什么；只是当学生缺少注意力，并使教学进程因此而停顿下来时，它才开始培养学生必不可少的注意力。这就是说，这种教学将通过鼓励或者更多地通过责备与惩罚使学生产生有意的注意（见第七十三条）。于是间接兴趣（见第六十三条）代替了直接兴趣，而由于学生注意的决心并不能产生较强的理解力，不能使已学的知识产生联系，所以这种决心不停地动摇着，并常常产生厌倦。

在最有利的情况下，只有当教学是彻底的时候（即符合科学的时候），基本知识才能渐渐在学生头脑中得到充分的巩固，从而为今后的岁月打好基础，也就是说，从这些基本知识中形成了一个统觉观念团，为今后的学习提供帮助。这样的观念团有许多，但每一个观念团都有单方面学习的特性。这里还要问一下：是否在这方面至少存在着一种直接的兴趣？因为，假如在孩提时代只注意牢记初步知识，那么在学生时代就很难激发这种兴趣。尽管未来的前景在向其招手，但是考试也迫在眉睫。

第八十条

可是我们不能忽视，即使通过最好的方法，也并非每个人的统觉注意都能达到最恰当的程度（见第七十五条至第七十八条），这就必须要求学生具有有意的注意，即决心。这方面不能仅仅依赖奖励与惩罚，而主要应依靠习惯与道德，因此在这里教学应与管理和训练结合起来。在各种学习中，虽然一开始不能完全没有强制，但主要应取决于学生是否能够很快地感受到自己的进步。各个步骤必须非常明确与适当，易于实行，并要一步接着一步地慢慢进行。在这时，教学必须非常准确、严密、认真和耐心。

第八十一条

要记忆的事物并不总是有趣的，即使有趣，记住它们也多半要求有意注意。即使是自发形成的兴趣也是如此，因为自发生成的观念具有独特的运动，这种运动能够偏离指定的序列从而通向秘密的替代物。就像观察一样，刻意的记忆需要一定的自我控制。这就产生了一个问题：应当在什么地方指示学生进行背诵？

背诵是非常必要的，它在一切科学中得到应用。但它在任何地方都不能作为首要的事情，除非学生在不费力的情况下能自如地背诵。因为，假如记忆新事物是费力的（对这些新事物学生还不可能建立错误的联系），那么这表明，单个的新观念很快就遭遇了对抗物，由于两者的相互关系而很快地受其排挤。这时，教师就应该反复讲解该事物，让学生继续钻研，使之更加熟悉，有时甚至必须等待较为有利的时机。我们必须首先搞清楚那些单一知觉及其联想还不够清晰的地方（见第六十七条及以下几条）。假如观点因此而得到了强化，那么背诵就比较容易完成。

教师布置的要背诵的句子不要太长，有三个生词就已经算多了。我们必须向很多学生展示如何背诵，否则他们就会老是从头开始，不久就结巴起来，并徒劳地试图继续下去。一个主要规则是改变起点，例如，如果要学习"Methuselah"[1]这一名词，教师也许可以这样分开来说："Lah—selah—thuselah—Methuselah。"

对于那些试图很快地完成背诵作业的学生，我们必须加以劝告。要依据身体机制，需要有时间积累，学生如同教师一样，在学习上不可能一蹴而就。一开始得慢慢来，然后才能快起来。

阻止各种身体活动，这并不一定总是可取的。有些学生通过大声朗读来学习，有些通过抄写来学习，有些则通过绘画来学习。有时学生也可以采用按

---

[1] Methuselah（玛士撒拉），据说享年969岁，参见《圣经》创世纪第5章第27节。——中文译者注

节拍齐声背诵的方法。

错误的联想是很令人担心的，因为它们会根深蒂固。严厉固然会产生很大的效果，但是假如完全缺乏对事物的兴趣，一开始就让学生用错误的方法记忆，那么学生就会什么都记不住，这简直就是浪费时间。

某些人在背诵方面完全失败，糟糕的原因也许部分在于身体机制方面尚未清楚的特性。但是，原因也常常在于不正常的紧张情绪，他们陷入这种情绪中，勉强地尝试几乎连自己都认为不可能的事情。假如我们在一开始就摆出一种不正确的态度，将背诵视为艰苦的劳动，那么学生在学习阅读时拙劣的起步就会导致这种紧张情绪。为那些轻易就能记住和背诵的儿童去寻找减负的办法是愚蠢的，但是谨慎地对待儿童也是必需的，因为还有些儿童，假如我们开始尝试让他们背诵，哪怕只是让他们复述，他们都会对学习产生厌恶情绪。及早地试验一下儿童是否能轻松地记忆和复述，这是十分必要的。这种试验包括使儿童处于良好的情绪中，选择恰当的内容，并且只有在他们感到自己能够达到我们所提出的要求的情况下才继续进行下去。在这方面提供的观察结果可以决定我们后续该怎么做。

第八十二条

在认真的熟记之后还有一个问题：记住的东西究竟能保持多久？不管公认的普遍经验如何，教师在这个问题上一直都是自欺欺人。

首先，并不是所有学过的东西都需要保持在记忆中。很多已学的内容起到了应起的作用，它们为下面的练习做好了准备，并使进一步的训练成为可能。比如熟记短小的诗篇有时就是作为朗诵训练的一种方式；背诵古罗马作家作品的某些章节，有助于较好地进行拉丁文的写作和会话。很多时候，知道如何寻找和应用文学辅助工具书对于今后的学习已经足够了。

其次，如果需要长期地、尽可能永远地记住所学的内容，而所学的这些内容又常常会被忘记，那么不断重复记忆就是一种不恰当的权宜之计。但是，厌倦可能大于收获。这方面只有一种有效的手段——练习。练习指学生将保持在长时记忆中的内容不断地应用到他真正感兴趣的事情中，也就是将其不断地与那些自发形成的观念结合起来。

在此，对于如何选择有把握熟记的内容，我们总结出了一些原则。关于记忆的量——只需要选择马上就要用到的内容，因为过多的记忆会加速遗忘。此外，教学中的许多东西如同经验那样，只要它们能激发智力，并且有益于后续的学习，即使并不要求精确地记忆它们，也是大有裨益的。

第五章　兴趣的主要类别

第八十三条

教学应当与经验产生的知识和交际产生的伦理观点衔接起来（见第三十六条）。经验的兴趣直接与经验相关，同情的兴趣直接与人际交往相关。对经验对象的发散性反思便形成了思辨的兴趣；对较大范围内交际的思考就形成了社会的兴趣。在这里，一方面我们可以补充审美的兴趣，另一方面还可补充宗教的兴趣，这两者与其说源于发散性反思，不如说源于对事物和命运的静观。

【评注】兴趣可以分为以下两类：①从知识中生成的兴趣；②从与其他事物的联系中生成的兴趣。也可以把这两类各自细分为三个子类别，总共分为六类。这样的分类并不是必要的，主要是便于梳理。知识的兴趣可以分为：①经验的兴趣；②思辨的兴趣；③审美的兴趣。社会生活的兴趣可以分为：①同情的兴趣；②社会的兴趣；③宗教的兴趣。这种分类已不加批评地被大多数赫尔巴特学派的作者所采纳。这种出于方便而进行的分类也许可以说是考虑了以下几个方面的因素：

（1）严格地说，"所有的"兴趣都来自"经验"，社会的成分多于思辨的成分，因此经验并不是这种分类的基础。

（2）审美的兴趣完全依赖静观，并不需要置于那些依赖因果关系的感知或者只有通过发散性反思才能感知的关系之中。

（3）经验的兴趣也是如此，本应该取决于即刻的感官理解，例如对颜色、形状、声音、味觉和气味的兴趣。

（4）如果感知、推理和情感为兴趣的分类奠定了基础，那么为什么智力的积极意愿不能成为类似的基础呢？有的人主张快乐和痛苦主要取决于活动中的"运动"层面而不是感官。我们对于"做这件事"的兴趣是发生在我们了解和感觉这件事之前。尽管这在兴趣分类上并没有得到体现，但那时所有赫尔巴特学派的方法理论都赞同这个观点。

我们必须承认，赫尔巴特的这种分类非常方便，即便并不是那么科学。

经验的兴趣是由感官的直接吸引力引发的精神的渴望，例如新奇的形状、颜色、声音、气味之类。第一个阶段就是好奇、赞美、害怕、敬畏。一个小孩扔下自己的图画书去追一只蝴蝶，就是放弃了一种经验的兴趣而去追求另一种更强烈的兴趣。这种形式的兴趣总是非常短暂的，除非它发展成另一种新的兴趣，不然很快就会被其他吸引物所取代。一位小学教师通过感官手段也许会抓住却无法保持一个孩子的注意力，因为孩子本身一无所获。

思辨的兴趣比经验的兴趣要更长久。这主要有赖于对因果关系的感知，旨在追寻事物的缘由。从这个意义上说，这是一种高级的统觉或者说精神的同化。思辨兴趣最基础的观点就是目的。我们想要知道"事情的目的"，知道事物的功能，以及运用这些事物所想要达到的目标。因此，当一个孩子清楚自动割捆机或印刷机的功能时，他就有兴趣了解如此复杂的机器的运作原理。直到理解了这些功能之前，这一堆零件始终是一团令人费解的乱麻。当一个孩子开始对每件事都要问"为什么"的时候，就形成了思辨兴趣最初的雏形。这始终对其智力生活存在主要影响，当这不再成为思考的动力时，这个人的思想也就停滞了。

审美的兴趣取决于沉思的乐趣，一个意象，有时是清晰的，有时是模糊的，都可以通过"感官中介"来得以感知。在古希腊，贝尔维尔德的阿波罗（Apollo Belvidere）的雕像，是用大理石呈现的一个神像。在油画"打破家庭关系"（Breaking Home Ties）中，一对母子分离的情感在油画上得以展现。音乐中的意象通常是模糊的，诗歌中的意象则是清晰而明确的。后者的美学价值通过口头背诵得以提升，因为额外的感官带来了新的吸引力，而且人们更习惯于在视觉理解之前先感受诗歌带来的听觉享受。

所有这些兴趣，经验的、思辨的和审美的，都可以归属于"个人的兴趣"，因为它们纯粹是基于主观的兴趣。这里所说的"个人"可能类似于《鲁滨逊漂流记》中与自己的伙伴分离的那种人。但是另外一组兴趣，即同情的兴趣、社会的兴趣和宗教的兴趣则基于和他人交往的观念。因此，它们才是文明生活中最重要的事情。人类缺少了富有同情心的合作，文明就会变得遥不可及。《浮士德》中的靡菲斯特[2]将自己定义为"永远代表否定的精神力量"[3]。因此，如果一个人只关注他个人的事情而拒绝所有的社会责任并放弃所有的社会福利，那么他就变成了公民的恶魔。从前的愤世嫉俗者拒绝承担所有的社会义务，因而成为愤愤不平的城市恶魔，同时，享乐主义者（Cyrenaics）选择自我放纵，但是也拒绝社会责任，因此也沦为耽于声色的城市恶魔。

激发学生对社会和公民的兴趣是教师必须履行的职责，因为这些是保证社会福利和社会稳定的积极力量。

学校就是学习和日常交往的场所，而上述兴趣正是通过这些方式来激发的。一个由私人家庭教师培养的小孩与社会隔离，很有可能养成非社会化的性情。如果孩子很少甚至没有发展社会合作的意象，就会养成一些特殊的癖好。但是，即使在幼儿园里，孩子只要接受了正确的行为规范训练，就都能够培养出敏锐的社交直觉，哪怕以后没有接受这方面的教育，也不会使这种直觉丢失。如果在管理良好的学校能够强化这方面的训练，那么就有可能为成为一个合格的公民而奠定扎实的基础。对于培养社会兴趣和公民兴趣最重要的学习科目是文学、历史、社会治理和地理，尽管其他科目或多或少与其有着密切的关联。

---

[1] 《浮士德》是德国戏剧家、诗人、自然科学家歌德（Johann Wolfgang von Goethe，1749—1832）创作的一部长达12111行的诗剧。这部不朽的诗剧以德国民间传说为题材，以文艺复兴以来的德国和欧洲社会为背景，写一个新兴资产阶级先进知识分子不满现实、竭力探索人生意义和社会理想的生活道路，是一部现实主义和浪漫主义结合得十分完好的诗剧。——中文译者注

[2] 靡菲斯特（Mephistopheles），欧洲中世纪传说中的魔鬼，在《浮士德》中，他实际上是魔鬼撒旦的化名。他妄图把伟大的浮士德引入歧途，但最终浮士德还是选择了为人类造福，死后灵魂并未让靡菲斯特带走，而是升上了天堂。——中文译者注

[3] "Ich bin der Geist der stets verneint"。——评注者注

第八十四条

我们虽然不能期望所有这些兴趣在每个人身上均衡地得到发展,但我们必须期望一大批学生具有所有这些兴趣。每一个人越接近这样一种智育文化,即所有的这些兴趣受到同样程度的激发,就越能符合多方面性的要求。

第八十五条

上述六类兴趣是依据历史学习和自然学习两大类来划分的(见第三十七条),在"文科中学"中的观察结果是与此一致的,即学生往往不是倾向于这一方面,就是倾向于那一方面。但是,假如因此就像不少人所做的那样把历史的兴趣与自然科学的兴趣对立起来,或甚至用哲学的兴趣和数学的兴趣来代替前两个名称,那么我们就犯了很大的错误。我们应该停止这些在观念中产生的混乱,它会对整个教学管理造成完全不正确的观点。抵消这种错误最容易的办法就是考虑到大量单方面的兴趣本身源于这六类兴趣。无论在什么情况下,我们都应该能够更明确地呈现兴趣的多样化阶段。因为单方面的兴趣可以做出更详细的区分,而不仅仅限于现在所划分的六大类。

【评注】"理想的教育是古典的还是科学的?"这个经久不衰的议题的意思是:我们究竟是应该主要培养"社会的"兴趣还是"知识的"兴趣?历史或文化类研究主要归于一类,而自然科学则主要归于另一类。赫伯特·斯宾塞[1]1860年在其专著《教育论》中为自然科学的学习提出了一项特别的主张,声称这种学习的价值主要在于知识和训练。在那个时代,古典学科或者文化传承,都已经在各类高等教育研究机构中有一席之地,因此斯宾塞的特别主张也是正当合理的。现在,自然科学已经发展了自己的教学方式,与高等院校的社会学科具有同等地位。如果我们要回答我们将选择哪一类兴趣——知识的还是社会的,我们只能说:必须两者皆得,缺一不可。两者对于人类幸福都是很关

---

[1] 赫伯特·斯宾塞(Herbert Spencer,1820—1903),英国哲学家、社会学家和教育家。代表作有《教育论》《人口理论》《合成哲学系统》《心理学原则》等。——中文译者注

键的因素，对于社会和物质的发展也是必要的。

第八十六条

假如经验的兴趣在忽视其他对象的情况下来选择某一种经验对象，那么它将变得片面起来。比如：如果某一个人只想当一位植物学家，或矿物学家，或动物学家；如果他只喜欢语言，也许仅仅是古代语或现代语，或者只喜欢其中一种；如果他（如某些所谓旅行家）作为旅行者只想看看人们谈论得很多的地方，看过则罢；如果他作为一个珍品收藏家只追踪这种或那种爱好之物；如果他作为历史学家只是了解一个国家或一个时代的知识，如此等等。

假如思辨的兴趣只限于逻辑方面或数学方面（也许只限于古代几何的那种数学），或只限于形而上学方面（也许只限于某一系统观点方面），或只限于物理学方面（也许只探索某一个假设），或只限于实用历史方面，那么这种兴趣从其特性上看也是片面的。

审美的兴趣有时只指向绘画、雕塑，有时只指向诗歌，也许仅仅是抒情诗或戏剧诗，有时只指向音乐，也许仅仅是某一种音乐，等等。

假如一个人只愿意与其同阶层的伙伴一起生活，或只与其同乡一起生活，或只与其家人一起生活，而对其他一切人都没有认同感，那么这种同情的兴趣将是片面的。

假如一个人只献身于一个政党，并且只以该政党的兴衰来衡量自身的悲喜，那么这样的社会兴趣将是片面的。

如果宗教的兴趣取决于各种教义与教派的差别，忠诚于一种信仰而排斥其他不同的思想，那么这种兴趣就会变得片面起来。

这些片面性中的某些是后来生活中的职业造成的，但职业不应当把人孤立起来。假如早已在青年时代就有这样狭隘的限制，那么职业就会把人孤立起来。

第八十七条

虽然还可以对片面性做出更细的分解，但不需要借此确认上述文科中学中的课程在激发兴趣的教学内容中占据着什么样的位置。按经验，语言在课程中安排在最前面，但为什么我们在这么多的语言中首先挑选拉丁语与希腊语呢？原因显然在于用这两种语言编写的文学与历史作品。文学连同其诗人与演说家属于审美兴趣。历史可以激发起对优秀人物和社会兴衰的同情。语言通过这两者中任意一个方面甚至间接地可以对引起宗教的兴趣产生作用。我们找不到更好的能激发许多不同兴趣的刺激点了。假如加上对这种语言的语法结构的探究，那么甚至还会引出思辨的兴趣来。但是，历史课程不应局限在古代方面，文学知识也应拓宽，以便更全面地激发那几类兴趣。假如从实用的角度来讲授历史，那么它将从另一方面促进思辨的兴趣。但在这方面，数学仍然是优先的，只是为了更有把握地入门和获得持久的效果，它必须与自然科学结合起来．而后者能够激发经验的兴趣与思辨的兴趣。

假如这些课程恰当地合作，那么它们将与宗教课一起发挥很大的作用，使青年人的智慧朝着多方面的兴趣发展。但是假如我们把语言与数学分开来，去除两者的联结环节，让每一个学生按他的偏爱选择其中一门，那么便会产生一些明显的片面性，这种片面性在前面已经有充分的说明。

第八十八条

现在已肯定，不仅仅是古典文科中学，而且连市民学校也必须进行有关多方面兴趣的教育，即必须考虑兴趣的主要相关类型。区别仅在于古典文科中学的学生并不需要马上接受职业训练。因此，市民学校偏重于现代文学与历史，不能给要求上进的学生全面地提供多种智力活动的辅助手段。类似的情况也适用于其他各种必须进行教育活动的初级学校。商贸学校、综合技术学校则有所不一样，简而言之，可以假定在这些学校中实施了完整的教育——凡能进行的教育业已进行过了。

因此，假如市民学校有一个正确的教学计划，那么就可以像在文科中学中展示的课程一样，证明我们至少可以通过这种计划尝试防止很大的片面性，即在忽视那主要的六类兴趣中的某一类的情况下可能产生的那种片面性。

【评注】 如何避免选修系统中的片面性，已经在先前得以讨论。（见第六十五条）

第八十九条

但是，没有一种教学能够防止在任何一类主要兴趣中产生的特殊片面性。假如观察、思考、美感、同情、集体精神和宗教崇敬有一次被激发起来了，那么即使在小范围的对象中，也仍然应给个人提供机会去进一步扩展各种对象的数量与种类。对于有才能的人，尤其是对于天才来说，我们也许可以通过教学使其对周围的事物形成必要的观点，让他们看清别的有才能者与天才究竟在别的地方有什么成就，但是必须保持自己的特点，且对自己负责。

此外，并不是所有上面提到的片面性都是同样有害的，因为并不是所有兴趣都在同样的程度上相互排斥。虽然任何一种片面性都会使人变得相当傲慢，但是这种倾向并不完全相同。

【评注】 鉴于多方面兴趣的观点，我们为什么要开发选修课程呢？答案是，在小学和部分初中教育中，不加区别的选修是绝不允许的。在中等教育中唯一理性的选修，已经在前文得以讨论（见第六十五条），是在一组相似学科中进行选择。在这种方式下，考虑到学生的目标和能力，就保证了必要的多方面性。高等教育的情况则截然不同，但是这里的选择和多方面性是可以调和的。高等教育是一些学科分支的"比较性研究"。因此，例如在社会学研究中，整个希腊文明备受关注，现在细分为政治历史、艺术、教育以及哲学。学生想要彻底地学习这些科目中的任何一门，都需要对希腊生活的全貌进行比较性研究。当然，并没有必要学习所有的科目。这种原理适用于任何一个重要的国家或时代。任何一种文化的学习从整体视野出发都会创造杰作。

在科学中也是如此，通过比较的方法来详尽地研究生命的典型形式，就给你提供了切入相关生命科学的洞见，同样也能涉及物理科学和化学科学。因此，从很大程度上来说，无论是生物学、物理学还是化学，只要我们运用了高等教育中的比较方法，那么我们就是在研究自然科学。因此，在学院或者大学，大量的选修课程是合理的。单一的课程设置会忽略整个社会科学或自然科学研究。

第九十条

在时间与机会有利的状况下，如文科中学与市民学校所具有的那样，众所周知，我们可以不局限于最初的兴趣刺激。而问题是：如何继续发展已激发起来的兴趣？在这方面并不缺少教材，我们必须有所选择与整理。一般来看，上述说明对于多方面性的条件与兴趣的条件是适用的。那就是：从简单向综合发展，考虑无意注意的可能性。但在应用这些原理的过程中，我们不能掩盖特定的需求与困难。

第九十一条

经验材料（语言、历史、地理等方面）要求表象的一定组合、顺序以及它们的交织。就单词而言，即便是非常复杂的词组，也都是由词干和词形变化与派生的成分组成，而后又进一步分化为单个的语音。历史有它的时代顺序，地理有它的区域交织网络。心理再现规律决定了记忆与保持的过程。

母语对理解外语会起到中介作用，但是它同时会干扰外语的发音和对外语词汇的适应。此外，要持续很长时间之后，少年儿童才会了解这样的思想：那些现在与过去同我们说话不一样，而此时此地我们将关心起他们来的人，现在与过去都生活在非常遥远的地方和非常遥远的时代。教师方面最常见的，同时也很有害的误解是，似乎因为教师表达清楚了，所以儿童就应该理解，殊不知儿童的语言能力只能慢慢地发展。这些障碍是必须克服的。就空间距离这一点来看，地理知识将有助于克服这一障碍。但是，平原地区的居民缺少对山区的直观概念，而在山沟里长大的人缺少对平原的直观印象，大多数学生缺乏对海洋的具体观念。地球是一个球，它绕着它的轴自转，又环绕着太阳公转，这些让儿童听起来更像是一个童话，而不是一个事实。甚至有些受过教育的青少年会对行星系学说产生怀疑，因为他们不理解人们是如何知道这种行星系的。我们必须阻止这些不必要的障碍积聚起来。对于历史来说,也许古代遗迹可以作为起点,假如要使青少年在早期了解古代犹太、古代希腊与古代罗马的时代和位置,那么这种材料就必须是非常丰富且历史悠久的。在这方面只有那种能激发起非常活跃的兴趣的故事才有用。这种描述将为想象早已消逝了的远古时代提供支持,但是还缺少对远古时代与我们所处时代之间的年代距离的正确估计。这种估计只有逐步通过穿插讲述来获得。

第九十二条

在自然界,在人事方面,在语言构造中,以及在宗教学说里,一般来说,凡是可以让人依照一般规律认识或猜测到某种联系的,都可以用来锻炼思维,乃至激发思辨的兴趣。学生到处都会碰到一般概念、判断与推理,甚至在最常见的课堂学习、普通的算术和语法方面也是如此。但是学生往往会依赖个别的、熟悉的和感觉到的东西,抽象对他来说相当遥远,甚至绘制给他看的几何图形对他来说也是些个别的事物,其一般意义是很难掌握的。在学生的思想中,一般是排斥特殊的;但反过来,熟悉的事物在他的习惯性思维中是以具体的形式反映出来的;至于一般规则,在其脑中几乎只保留了用来说明这些规则的语句。假如他应当做出推论,那么他在思考下一个前提的时候总会忘记现在这个前提,我们必须一再地从头开始讲,举例来解释概念,归纳出普遍原理,把概念区分开来,联合起来,渐渐使各种命题相互接近。假如中间概念恰好在前提中融合在一起,那么它们一开始只是松散地联合,相同的命题往往被遗忘;假如我们不想抹杀兴趣,就不能老是加以重复,而不去激发学习它们的兴趣。

既然遗忘是不可避免的,那么在一段时间中暂时忘却大部分通过洞见学到的内容,之后再通过别的途径复习主要内容,这种方法就是明智之举。假如在普遍原理成为专业命题之前,在把这些原理与一系列推论结合起来以前,初步的预备性练习已能够使学生在个别事物中看到一般规律,那么这种练习就已达到了它的目的。在初步指出共同的特征与系统地教授其合理的联系之间不能缺少联想(见第六十九条)的过程。

第九十三条

虽然我们可以通过其他一些兴趣,也可以通过激发起来的情绪来引起审美的注意,但是艺术本身只能在心灵相当平静的状态下发生,以使它能够确切而清晰地理解同步产生的美,能够体验相继出现的美所对应的精神活动。我们必须提供学生容易理解的美学对象,但是也不可避免地去推动学生沉思,但似乎应当驳斥不适当的意见,尤其是拒绝损害那种具有审美价值并值得钦佩的对象的行为。模仿——尽管开始是很不成熟的,包括临摹、跟唱、大声跟读和以后的改写,这些都是审美注意的标志。对这种模仿可以加以鼓励,但不要加以表扬。在审美教育中产生出来的真正的审美热情,是很容易因为强化技巧而毁灭的。过犹不及。我们不要把属于较高教育阶段的艺术作品放到低年级去教,同时我们也不应当强求学生做出艺术判断与批评。

第九十四条

同情的兴趣比感官世界中上述经验的兴趣更加依赖社交与家庭生活。假如社会环境经常变化,那么儿童走到哪里都不会彼此亲近。哪怕只更换教师与学校也是有害的,因为学生会按他们的方式进行比较;不能持久的威信作用不大,摆脱束缚的冲动在此不断增长。因为教学本身必须经常改变形式,以致使得教师看上去是有区别的,所以这种教学更加不能消除这种糟糕的现象。但是,历史的教学应当让学生感到对历史人物与事件值得具有同情心,这是更加必要的。出于这个对整个教育来说都很重要的原因,我们不应该让历史编写得看上去像年代学的轮廓那样,并要特别注意在儿童早期的历史教学中不应出现这种情况。整个历史以后对学生造成什么印象,这多半取决于这种早期的历史教学。

不用说,宗教教学应该使人明白人类对宗教的依赖性,我们也希望它使人的心灵不至受到冷落。但是,历史教学必须与它合作,否则宗教教学就显得孤独,并且有可能不恰当地干预其他方面的教学。

第六章　教学内容的不同观点

第九十五条

在各种不同观点中产生有争议的意见，不仅涉及如何教学的问题，而且涉及选择什么教学内容的问题。假如有时一种意见获得优势，有时另一种意见获得优势，那么教与学背后的意图将难以和谐一致，而且如果教学不按同样的计划开始与继续下去，那么学生也将直接因为教学缺乏连贯性而感到苦恼。

第九十六条

负责某一门学科教学的教师，往往在制订他的教学计划时没有考虑教育学的要求。他认为自己的专业知识已经足够应对教学，学科内容本身的逻辑步骤就是教学的恰当程序。假如要教语言，那么他就要求学生应当会变格、变位，以便能够学会阅读某个作家的作品；在讲解某个诗人遣词造句的特点之前，学生应当已懂得常见散文体的表达方式，等等。如果要教数学，那么学生应当具备一般运算的熟练技巧；在高年级，要学会用对数来计算某个公式之前，学生应当能轻松地运用对数来计算，等等。如果要教历史，那么应当首先创建一个扎实的年代框架，然后记住插入其中的各项史实；学习古代地理是学习古代史的先决条件，等等。因为我们从教学内容本身总结出教学先后次序的原理，所以直接按此进行教学的要求仿佛是理所当然的，假如学校招收新生入学或者学生升入高年级，那么这种观点大体上是适用的。在学生被允许进入文科中学之前，应当学会读、写、算。在升入高年级时，他们应当已经达到了前一年级的教学目标。好学生就是那种符合这些规定并且自主自愿地学习的人。上述这种观点没有考虑注意的条件，并且忽视了兴趣本身循序渐进的要求。

第九十七条

但还有另外一种结果以及随之而产生的另外一种观点。当孩子学习负担过重时，我们总是很同情他们。于是就产生了各种疑问：我们是否应当教授会引起学生劳累的科学？将来是否有用处，这也是个问题。成年人忽视并忘记（这种忘记并没有造成很大的损失）自己曾含辛茹苦地学会的东西，这类例子是不胜枚举的。尽管有些属于反例，但不足以做出定论来。不可否认，有许多人，甚至有教养阶层的许多人，他们除了求得无忧无虑的日子以及社交生活以外，就无所他求了。同时不可否认，他们正是以此来判断其知识的价值的。难以激发兴趣的教学和不能从青少年时期的回忆中排除阴影的教学是无法改善这种情况的。

第九十八条

一般我们可以正确地回答：青少年本来就必须有事做，因为不允许他们放荡不羁地成长；对于他们要做的事必须认真而严格地对待，因为管理（见第四十五条至第五十五条）不允许软弱无力。但是，尤其可以怀疑的是教学内容的选择。我们究竟是否能向儿童提供更有益的事情做？

比如，我们赞扬古代语言，认为古代语言非常适合青少年学习，使他们有很多事可做，这样是否就是谴责其他学科的教学方法？如果运用恰当的方法，那么其他学科也能开展多方面的活动。特别是有人主张采用现代语，认为它们也是一种可以进行读、写、译和思维训练的语言课程。但是在这里不应该提供这种误导的答案，因为文科中学必须培养未来的官吏，古代语对于这类学校如同现代语对于另外一些学校一样有用，甚至必不可少，所以必须保留希腊语与拉丁语。因为，假如经典课程一旦被贬低到有用与必需的地位，就为最终还将提出如下问题的人打开了门：牧师学希伯来语干什么？执业律师及内科医生学希腊文干什么？

第九十九条

这种争论往往这样进行,仿佛所谓人文学习是与实科(realia)相对立似的,而且两者水火不容,而事实上,后者至少也像前者一样在完整教育中占有合法的地位。事情被一些老一辈的教师搞糟了,他们迁就学生,通过各种各样的谈话和游戏来使应当进行的学习为学生所接受,却忽略了持久的与增长着的兴趣。假如这样把学习意图看成一件必然的坏事,并把那种使学生尝到甜头的做法视为使学习成为可以接受的手段,那么一切观念就都混淆了,而青少年在这种松松垮垮的活动中也无法了解自己能够做些什么。

但是,这里不能不提一下,假如使学生尝到学习甜头的做法在恰当的地方采用,那么还是应当给它留有机会的,这完全像医生手里的镇痛药一样,医生非常坚信这种能起到真正疗效的方法是值得推崇的。假如一种完全嬉戏式的教学方式排斥了严肃而全面的教学,那么它就是有害的、应受指责的;假如有些教学虽不难,但看上去很难,那么往往有必要灵巧、愉快、几乎带游戏性质地向学生呈现应当模仿的事情;反之,无益的烦琐和拖沓将由于其造成的枯燥乏味而使最轻松的活动遭受失败。这一点往往适用于年幼儿童的教学与新课程的第一堂课,例如希腊文的阅读或代数入门,等等。

第一百条

假如说这种争论有什么本质的焦点,那就涉及了先前的一种假设:究竟应当教授什么样的学科(见第九十六条)。教育性教学不允许把这样的一种假定与要使学生获得智力活动这个目标区分开来。教学内容是由这一点决定的,而不是由纯粹的知识与收益来决定的。经验与交际是学生产生其观念的首要源泉。什么观念强、什么观念弱、教学中什么容易、什么难,哪些要先行接触、哪些可以延后出现,这些都取决于经验与交际。好的儿童作品在儿童学习阅读时就借助于这种源泉,并渐渐地扩展儿童的思想范围。只有在这时才谈得上各门学科的教学。

【评注】"教育性教学"(educative instruction)这个词是经常出现的。它意味着，从广义上说，教学和道德有着密切的关联，或者对性格具有一定的影响。这是基于如下观点而得出的结论：不仅仅是学校的纪律，而且日常教学也应该对孩子的道德养成起到作用，尤其是在社会成长方面。教学应该帮助学生明晰自己在世界中的地位和作用，帮助他形成对人和物的态度，也向其提供思考道德关系的洞见。包含这种道德训练的教学在此称为"教育性教学"（德文：Erziehender Unterricht）。

第一百零一条

博物学、地理和历史等实科具有无可争辩的优越性，也就是最容易与经验和社交相联系的优越性。至少学生的部分自发形成的观点（见第七十一条）能够与实科相对应。植物收集、图画书籍、地图在适当应用中将起到其作用，在历史课教学中，我们可以利用青少年喜欢听人讲故事的爱好。事实上，在教授各种外语本身以前，甚至在开始教授这些外语之后，应部分地从用这些语言所写的旧书中选取一些故事，同时过去应是真正运用过这些语言的，这往往是必须附带提一提的情况。

我们无须说明实科的益处。青少年的行动并不是为了遥远的目的；他们一旦感到自己能够做什么，就会马上行动起来。我们必须使他们产生能够做什么的感觉。

【评注】有一种观点认为我们没有必要向青少年证明自然科学学习的最终益处，这种观点自然会导致将学习兴趣作为最终目的还是即刻目的的分歧。这样说的理由在于假设孩子对于展示自己完成任务的能力是很感兴趣的。显然，教师的主要关注点之一就是如何激发学习兴趣并使学生将其视为学习目的，这也许并不是未来生活中的终极益处，而是在这个领域内甚至就是眼前可以做的有用的工作。要在各种各样的课堂活动中衡量孩子们的兴趣，主要的依据就是孩子们在接受教学之后可以完成的工作质量。孩子们在自己最喜欢的课程中会做得最好，这门课也不需要花太多时间去学习。这条规律适用于很多方面。他们会对自己能够完成的作业感兴趣，例如制图、绘画、写作、做算术题，所有的过程都明明白白地展现在眼前。如果他们能够借助于工具清楚地读出单词，不再结巴，没有拼错，也没有误读——音调也是准确的，他们就会对阅读感兴趣。课业的质量最吸引孩子的地方也许就是它的智力内涵。在阅读课中，我们一次次地发现深层含义，用清晰的语言加以表述，探究真实思想之外的衍生之意，这都是令人欣喜之事。英语阅读尤其容易受到这种教学方式的影响，因为很多英语单词没有词形变换，不能通过词形来表达深层含义的区分，但是学生必须在没有语法变换的文本中理解这些深层含义。结果，用这种方式阅读很有可能错过了这篇文章呈现的最突出的要点。阅读分为精读和泛读。传统的阅读教学方法是从文学作品中节选一些段落，在很短的时间内就把名著浏览一遍。现在小学教育的做法则换了一种方式，聚焦于粗略的阅读，不再采用名著节选，而是名著简写本。这种教学方式的缺点是会错失名著中的原汁原味，因为有大量的阅读任务需要完成，只能走马观花。将两种教学方法折中一下想必会带来更好的结果。一方面，这样可以保证学生对名著的兴趣，另一方面，也能从这种对思想和深层表达的快速分析中培养文学鉴赏能力。在数学课中，对于形式的审美兴趣或者对于解决问题的真实行为的积极兴趣都不再是唯一的乃至主要的关注点，但是应该让孩子们感觉到自己在掌握数字规律方面确实有实质性的进步。能够应用一条规则，或者干净利落地解决一个问题，这些都是令人愉快的事，但是如果能全面地理解规则的含义，能够掌握其普适性，那将是一件更美妙的事。因此，虽然正如赫尔巴特所说，我们没有必要去追究数学在生命中的终极作用，但是很有必要明确对以下活动兴趣的即刻目的，例如，解决问题，解读纸上、木板上或者石板上作品的外观审美含义，以及理解数学原理。这些目的都是近在眼前的，可以通过教师要求学生所做的作业质量来吸引学生。在自然科学中也是如此。虽然生物学的终极作用遥不可及或者很复杂，以至让孩子们丧失了学习热情，但是立即掌握物理学的原理或者发现植物世界的规律或一个化学反应，就能唤起孩子们浓厚的学习兴趣。

第一百零二条

几何有另外一些关于联想的优点,我们新近才刚刚开始真正加以利用。用木头和纸板做成的图形、绘画、挂钩、棒、可弯曲的电线、绳子、直尺、圆规及量角器的应用,乃至排成长短不一、并排或不并排的钱币等,我们可以随意展示给学生看,并与其他直观的东西结合起来。这将是系统活动和练习的基础。如果我们理解到具有适当强度的具体观念构成了教学最可靠的基础,教学的成果取决于学生如何在内心形成空间关系观念的方式,那么我们便会渐渐地去这样做。自然,有些人是无法理解这一点的,他们永远以为空间是一种感觉形式,并且觉得这种想法人尽皆知。实践教育工作者在仔细调查了经验数据之后,就会发现,情况正好与此相反。恰恰在感觉形式方面各种人千差万别。对几何结构的观念很少是自发产生的。我们往往会发现有些人具有绘画的天赋,即对模仿事物很在行。

通过对算术概念的抽象来理解几何关系,这是很容易的,不能视作多余,即使当学生已完全开始进行算术练习,也是如此。

第一百零三条

两门经典的古代语对德语来说不是那么容易迁移的,而拉丁语具有这样的长处:即使只达到了中等程度,也给不可或缺的现代外语学习奠定了基础。这就否定了过去常常从法语教学开始的做法。而反过来使拉丁语与法语联结起来,这很难得到学习语言的学生的认同,先不说别的原因,仅仅法语的语法规则对于拉丁语的学习就是一个不小的障碍。

古代语的教学工作是一场持久战,这使得人们希望早一点开始这项学习。不能因为德国人不习惯拉丁语就认为应当推迟拉丁语教学;应当得出的结论是:必须在孩童早期就慢慢地开始进行这种语言的教学。必须让孩子很早就听到外语的发音,以减少陌生感。幼儿已经很容易理解单个的单词。我们可以不久就教授由两三个词组成的短句,不管他们是不是过一段时间就会忘记。我们所说的忘记了的东西,并不会因为忘记而失去。困难存在于一大堆在长句子中堆积起来的外语特性上,也存在于从句、插入语、词序和时态结构的连接方式中。此外,在这方面不能忽视这样一个问题:等到儿童掌握德语的非独立从句,也需要很长时间。他们所讲的话在很长时间内只不过是一种最简单句子的纯粹排列。试图让他们比学习德语更快地掌握拉丁语的句法形式,这是浪费时间,是徒劳无功的事情。此外,他们的学习倾向也将接受严峻的考验。

【评注】也许美国中等教育最严重的缺点就是学习时间滞后。孩子们要等到15岁才开始学习外语。这个国家急需的改革就是将高中的影响力拓展到高中之前的两年初级中学阶段。这样就能使孩子们在大约12岁的时候开始学习外语,或者仅仅比现在的德国学生晚两年。

第一百零四条

上面的论述可以清楚地表明,在教育性教学中,某些科目会更容易且更可靠地激发智力活动,其他教学要做到这一点比较费力,并在有些情况下可能是徒劳的。因为实科较切合学生的实际,数学需要进行一些直观教学,所以现代外语教学的起步只能慢慢来。不过,这种区别并不是很大,也不会极大地影响整个教学过程,只要有充分的教学时间,这种区别就不足以对外语的学习构成教育学上的一种严重的障碍。这种分析的果实将在今后成熟起来。

第七章 教学的过程

第一百零五条

教学是否能有良好的开端并正常进行，这取决于教师，同时也取决于学生与教学内容。假如内容不能赢得学生的兴趣，就会产生恶性循环。学生会尽量躲避任务，他要么沉默，要么做出错误的回答。如果教师急于要学生做出正确的回答，那么教学就会因此停滞，学生的反感便会增加。为了克服这种反感和惰性，教师现在拒绝给予学生他本能上想提供的帮助，他强迫学生思考、独立工作、做准备、背诵，还强迫他们把学得很差的东西应用到作文中去，如此等等。真正的讲授停止了，无论在何种情况下都已经不再继续。现在缺少的是恰当的例子——阅读、思考和写作方面的能够真正深入主题的例子——这些本应该是由教师提供的。而解释内容、呈现内容并把它与熟悉的内容结合起来的这种例子恰恰能使好的教学达到最大效果。教师应当多举这样的例子，学生应当尽可能地模仿例子，教师应当帮助学生进行学习活动。

第一百零六条

教学过程可以是综合的，也可以是分析的。一般来说，如果教师本人可以直接决定教学内容的顺序和归类，那么我们就将此类教学称为"综合"教学。在"分析"教学中，学生则首先表达他们的想法，然后在教师的指导下分析、纠正与完善这些想法。在分析中，某些想法将得到进一步的明确与区分。分析包括对经验的分析、对所学内容的分析和对意见的分析。综合的一种形式是模仿经验，另一种形式则是有意把先前的个别成分综合为整体，其中的各个成分都已经依次得到过呈现。

在此，由于教学内容的多样性，再次产生了各种差异。

第一百零七条

因为教学是以学生的经验为基础的,所以我们首先将综合看成模仿或复制经验,并用"纯示证教学(purely presentative instruction)"来加以命名。因此,只有当教学时清晰地示证先前个别存在的各种成分是如何结合成整体的过程,这样的教学形式才能称为"综合教学"。

虽然纯示证教学在应用方面有不少局限,却是很有效果的。假如教师能细致地运用示证方法,就极有把握赢得学生的兴趣。

我们习惯于要求学生掌握讲述和描写的技能,但我们不能忘记,在这方面教师必须首先举例示范。虽然书面的故事与描写相当丰富,可是看故事并不像听故事那样有效。栩栩如生的讲述能给人以启迪。通常,我们不能理所当然地认为,孩子已经具备了阅读所必需的技巧和耐心,要求他们能够非常流利地阅读,这种教学速度太快了。匆匆忙忙地到达终点,或者停留在不恰当的地方,肯定会使各个环节脱节。我们至多只能让训练有素的学生在班里大声朗读。教师的口头演示效果要可靠得多,但这种演示必须是自由脱稿的,只有这样才能保证其效果。

第一百零八条

口头示证首先包括训练有素的口头表达能力。许多教师必须避免习惯的讲话方式,防止用口头禅、纯粹的感叹词,防止发音错误,防止用根本不是语音的杂音做停顿,防止讲破句以及笨拙的插入语,等等。

其次,应慎重选择词语,使之不仅适合教学内容,也适合学生的理解水平;同时表达方式要适合学生的文化教育阶段,这一点也很重要。

最后,要确切地熟记教学内容,开始应当几乎一个词一个词地记。无论何时,教师在备课时都应该想象自己现在正站在学生面前讲课;还要熟记讲授的具体内容与各项内容之间的衔接,以便在讲课时不必去瞟书本或小纸条。下面还会对此做一些详细的论述。

第一百零九条

教师的讲述和说明应当使学生对这些事件或事物产生身临其境的感觉。因此,学生必须真正听到和看到过许多事物。这就提醒我们,假如学生的经验范围太狭窄,就必须通过带他们郊游和展示实物来扩大这种经验范围。此外,这种教学形式仅仅适用于听得到、看得见的内容,因此,我们必须尽可能地利用各种辅助性的图片。

如果示证教学取得成功,那么学生就能复述主要事件,而且大部分学生甚至能复述教师的语言,学生能够做得比教师所要求的更好。此外,讲解出色的教师可以在很大程度上获得学生的爱戴。他会发现,学生在纪律方面也表现得比较服从。

【评注】之前有关示证教学的论述对于美国教师而言可能比较陌生。但是,我们肯定记得,在教科书的现代时代到来之前,我们就是这样描述教师的,实际上那时教师是孩子们对学习内容唯一的依靠。这是一种传统,甚至到现在,在德国初等学校中,学生要掌握的信息仍在很大程度上源于教师。在美国的学校,这种方法行不通,因为教科书已经得到了蓬勃的发展,在每一个教育领域,学校获得的最丰富的材料就是教科书。但是,纯示证教学在小学的低年级依然占有合理的地位,尤其是在文学课和历史导论课中。正如我们在早期的希腊教育中所见,最原始的教学方法就是讲授法。那个时代的孩子就是通过听家长讲述英雄故事和英勇事迹,跟随吟游诗人和狂想曲作者到处闲逛,来学习历史、神学、文学和地理。直到今天,如果教师能够以一种引人入胜的方式讲授生物或文学课程,那就必然能唤起孩子们浓厚的学习兴趣。也许现代教师最需要的技能就是发挥令人愉悦的、活泼的、有趣的讲授魅力,同时做到说话简洁流畅。这样的教师对于小学来说无疑是不可多得的瑰宝。此外,在所有学科的补充材料展示中都有机会运用这种方式。在文学课和历史课中尤其如此。它在地理课和数学课中也同样适用,例如教师讲授古代埃及或者希腊人发现几何定理的方法。在教授一门外语时,引入少量的历史、人物传记或者其他发人深省的材料都会令人感受到教学的愉悦。在科学学习中,听教师讲一些涉及伟大的科学家的求学之心、奋斗志向、坎坷经历和成功喜悦的故事，这对于孩子们来说是最有趣的，能最大程度地激发他们继续努力的学习斗志。纯示证教学对教学的各个方面都能起到补充和启发的作用。

第一百一十条

巧妙的示证所起的作用似乎可以扩大学生的实际经验范围，而分析有助于使经验更有启发性。经验本身并不符合系统化教学的性质。经验并不遵循从简单到复杂的规律。事物和事件都一股脑儿地堆积在人的观念团中，结果就使人糊里糊涂、一知半解。既然经验的联合比个别化更早，那么教学的任务就是依照教学中要求的序列来调整经验事实。虽然经验能联合其所获得的一切，但如果我们能够把这种业已存在的联合纳入到本应该完成的教学工作中去，那么体验到的与学到的就能相互结合起来。基于这种目的，我们需要对经验加以补充。这意味着由经验提供的事实需要变得更清楚和明确，并用恰当的语言来加以体现。

第一百一十一条

现在先来谈谈在早期阶段的分析教学。为了理解这种教学方式的意义，必须考虑儿童的经验的本质。他们虽然已习惯于去熟悉周围的事物，但是在其心目中最深刻的印象占主导地位，活动的事物比静止的事物更能吸引他们。他们会把整体搞得支离破碎，而不太关心它的各个组成部分之间的真正关系。尽管他们总是考虑为什么和有何用处等各种问题，但是在使用任何工具时从不顾及其用途，好像工具恰巧是为他们瞬间的念头服务的。他们目光尖锐，但很少进行观察，事物的真正特性并不能阻止他们按自己的想象来玩耍一切，或者阻止他们以偏概全。他们接受各种类似事物的总体印象，但不把各种概念区分开来。抽象并不会自动地进入其脑中。

但是，这些见解和类似的意见远非适用于所有的儿童。相反，各个孩子的个性之间存在着巨大的差别。一个孩子的个性就是从其本性开始形成的。

第一百一十二条

这方面立即可以得出的第一个结论便是,对于一所拥有许多儿童的学校来说,其任务是使学生能较为一致地发展,为此要对他们原先积累的经验加以改造。尽管我们是何等期望获得学生的一致性发展,但是这并不是我们的唯一目的,而且就每个儿童来说,我们还应当使整个教学深入到其观念团中去。在前面已提到多次观念的联合和分离,因此我们也不能让观念团保持原来那样不成熟的最初的粗糙状态。有思想的教育家早已证明了这一点,徒有学习热情的学者总是一再对此产生错误的判断。

尼迈耶(Niemeyer)在他广为流传的著作中有一章以"通过教学或思维训练来初步激发注意与反思"为题论述了教学的特殊规律问题。这种思维训练正是初步的分析教学。他说:"一旦儿童的年龄、健康和能力使适合他们的教学似乎得以进行,对他们上的第一课就应当是在教科书章节的标题中标明的一课,这种课形式多样,但一直可以延用到第九、第十学年,甚至还可以继续延用下去。但是,恰恰因为不能用简短的名称来给这一课定一个标题,所以人们在公立学校及私人教学的大多数课程目录中都找不到这样的一课。值得尊敬的修道士卡农·罗可乔(Canon Rochow)做出的不朽贡献就是使人们终于在国民学校中注意到了这一点。"

裴斯泰洛齐[1]在他写给天下所有母亲的一本书中也同样提到了这个问题。但他局限在个别事物上的做法并不恰当。他的练习方式在一定程度上规定得比尼迈耶更明确。

第一百一十三条

首先必须使学生对周围事物的观念接近一致,特别是最强烈的印象(见第一百一十一条)。这一点可以通过统一地再现事物形象来达到。

---

[1] 裴斯泰洛齐(Johann Heinrich Pestalozzi, 1746—1827),瑞士民主主义教育家。代表作为教育小说《林哈德与葛笃德》。——中文译者注

尼迈耶说："在交谈中我们从直接能对儿童感觉器官起作用的各种事物出发，通过指点让他们说明这些事物的名称。然后我们再过渡到他们曾经看到过或感觉过而此刻不在自己身边的事物上去，同时让他们列举此刻回想到了什么，借此来训练他们的想象力和表达能力。合适的教学内容包括：教室里的一切事物；人的身体；与食物、衣着及舒适有关的一切事物；田野里、花园里、院子里的一切事物；动物和植物；以及儿童认识的所有一切事物。

第一百一十四条

下一步可以是：讲述某一个整体分割成的各主要部分，包括这些部分的相对位置、联系与可变动性，但要保证不会造成损害。与此相联系，还可讲述这些事物最简单的用法，并提醒儿童，如何使用才不会损坏它们；要提醒他们，必须如何保护与爱惜它们。事物的量、数目、大小、形状和重量等同样可以在此时让儿童接触并进行比较。

这一切还不足以使学生脑中的观念得以清晰化，并为未来的抽象思维做好准备。首先必须让儿童通过寻找各种事物的特征来给它们起名，然后倒过来，先提出这些名称，再按事物归属的名称进行分类。裴斯泰洛齐先前已经做出这样的区分，这对于抽象思维的准备工作而言至关重要。这时学生会自己学习比较和鉴别，有时候还会做出更仔细的观察；如果我们借助于作为知识源泉的经验，便可纠正想象造成的曲解。

第一百一十五条

在剩下要做的事情中，最重要的是较长时间的概观（comprehensive view），对事物，包括对其自然的或人为的根源的概观。这样我们可以获得一些基础性知识，它们一方面包括关于生产流程的最简单的事实，另一方面涉及人与人之间的交际；而这些信息都能成为博物学和地理教学的基础。但是，我们还必须以最普通的方式来谈论那个古老的时代，当时人们还没有发明现在所拥有的设备与工具，还不了解现代的工艺，还没有从外国进口材料，以此展开初步的历史教学。

第一百一十六条

即使对这里描述的教学并不安排确定的课来进行，也不会导致这种教学完全缺漏，因为它可以与其他各种活动交织在一起进行，特别是大多数都可以与最早进行的德语课中儿童作品的讲解结合起来。不过作为附带的事情往往会遇到受忽视的危险，至少得不到充分的重视。

另一方面，我们不能忽略的是，在学校中单独安排一些分析教学课之所以有难度，是因为教学进度的快慢在很大程度上取决于学生具有的思想积累，取决于他们表达的想法和感受的意愿。此外，正如尼迈耶特别强调的那样："接受这种教学方式的儿童并不知道什么是乏味。"他又立即补充道："但是，假如太快地从一处跳跃到另一处，就很容易把他们惯坏。"如果在学校中由于课堂上提供的教材太丰富，以致省去了学生自己通过本人回忆来收集这些材料的力气，那么也会产生这种或类似的被惯坏的结果。因此，我们始终应当用几课时或几周来进行初步尝试，穿插在德语课中进行。

在由家庭教师进行的私人教学中不存在这样一种疑虑，他可以充分地观察学生所具有的思想积累，为最初的分析教学制订恰当的计划。

【评注】在先前有关分析教学的段落中，很自然地产生了一个问题："我们究竟应将教学视为一种目的，还是一种手段，让心智做好准备来更好地消化学科知识以便在各种各样的日常学习中呈现出来？"在经过上述段落的分析之后，不仅仅是德国人自己，连美国人在直观教学方面也积累了丰富的经验。人们曾一度设想，每天都专门安排特定的一个小时对学生进行实物观察的教学。换言之，实物教学是本项目中的特色环节。在这种方式下，儿童应该能够感受到自己所处的环境具备何种意义，如果能够实现这样的目的，那是最好不过的。在德国，人们在观摩课中做出了这方面的努力，但是随着教科书的发展，学校在不断引入新的学科教学时也感到压力倍增，此时每天再单独辟出时间进行针对实物的分析教学就显得不合时宜了。然而，这种教学方式即使在最好的学校也绝对是有用的。无论在何处，我们都必须承认，有必要借助课堂内外的先前经验，以此为基础来帮助学生理解日常课程中呈现的知识。因此，分析教学已经从一种教学目的转变为一种有用的手段，从而激发儿童有关常规教学的心智活动。在现代定义中，这是所有教学的统觉基础。

第一百一十七条

在后期，分析教学以其他形式得到进一步发展，即作为复习与书面作业批改。对于业已讲授并辅导过的知识，教师总是期望它们在学生的复习与作文中得以再现。在必要时，他必须进行分析与纠正。

但在复习中容易产生一种教育学的误区，这一点是由上述的糟糕事情（见第一百零五条）所引起的。这种误解就是把复习与考试混淆起来了。两者是迥然不同的。假如教师能肯定学生已经全神贯注并且充分理解，那么为了帮助学生记忆，可以把已经讲授过的内容再讲授一遍，而不用让他来复述。这里便不存在分析教学，也不存在与考试类似的做法。但在大多数情况下，教师总是要求学生再现已经记住的东西。这种做法容易误导学生，仿佛他们应记住一切似的，而确切地说，在考试时也不曾要求这样做。考试的目的主要是确定学生的实际知识水平，了解他们真正掌握得如何，但复习是为了增进与深化知识。考试之后总要对学生做一番表扬或责备，而复习与这两者无关。

因为复习以及与此类似的练习占用了较大部分的教学时间，所以值得做进一步的说明。

第一百一十八条

假如有许多观念得到重复，那么它们不仅得到了强化，也会在彼此之间产生抑制，如果它们本质上是对立的，那么接踵而来的相互抵制对两者联合再现时产生的阻力比在最初理解观念时要小。联合不仅在发展，而且进一步趋向统一。这就是说，较弱的观念伴随较强的观点，更加趋于完善。其次，假如使一系列连续的观念得到重复，那么在这一系列中，前面的观念在后面的观念出现之前就会再现后面的观念，而重复越频繁，这种趋势就越明显，这也意味着技能越熟练，再现速度就越快。但这种再现的心理过程很容易受到外来思想的干扰。

我们假定，教师做了一次恰当的讲授，讲授时间没有超过学生的适应能力，也许只有几分钟。他可以自己重复一遍，但为了防止学生的思想游离开去，也可以要求学生重复一遍。假如学生未能重复出来，那么，教师就出手相助，也就是自己来重复一遍。但大多数情况是，学生会顾此失彼。这时就要强化学生心中生成的有意识的观念，而不是去干扰它。换言之，对他们的提示既不要太多，也不要太少，提供的帮助既不要太早，也不要太晚，而要恰到好处，以便尽可能地使学生的思路接近讲授的正确思路。假如达不到这一点，那么复述就无法起到应有的作用，就会影响预期的联合与熟练程度。复习往往会没有结果，反而会产生疲劳与错误，这是非常令人担心的。假如学生没有什么回应，那么就要放慢教学进度；如果学生缺乏兴趣，那就无法把他们的观念引入正轨。如果教师在复习中没有运用恰当的教学技巧，那么学生给出的碎片化答案就表明，经过了一段时间的复习，他们依然没有产生预期的思路。

第一百一十九条

我们已经在前面提出了可以作为范例的恰当的讲授（见第一百零五条）。这种教学手段和目的的调整已经延伸到语言上，那么在复习时的用语应当与讲授的话语保持相近，但是不要拘泥于无关紧要的细节。然而，讲授的精髓常常寓于思维序列中，因此我们在复习中便可以更换话语。并且，在开始时，教师应该允许学生使用自己的语言复述，即使不太恰当，也应当表示满意，因为这样可以验证他们是否已经理解。但是始终还须对他们的思维序列加以审察，复习应尽可能有意识地修正这些序列。

第一百二十条

假如以后要对一门已完成教学课程中的大部分内容进行复习，这种情况就另当别论了。过去为了清楚起见，在教学初期会将知识点一点一点分得很开（见第六十八条），通过交谈或在别的课上偶然提到，或学生通过亲身体验，也注意到了各种联合（见第一百一十条），那么现在的复习首先是为了把散开去的知识点紧紧地集中在一起，从而促进系统化，同时也常常是为了使教学更加全面，为此可以针对较容易的内容补充一些较难的内容。在这里讲授模式本身改变了，以满足更高阶段的要求。在这一较高阶段，多半也需要复习，这种复习可以在讲授之后立即进行，或许可以在下一堂课中进行。

第一百二十一条

在这个复习阶段，可以通过压缩与添加内容来对过去的教学加以修正，这时我们需要考虑：什么样的联合形式适合事物的固有特性，并适合于应用，与此相应，学生脑中的观念应当组成什么样的系列，应当如何交织起来。无论如何，以这种形式来组织观念，与其说是讲授，不如说是复习，因为讲授时每次只能讲若干系列中的一个，而在进入复习阶段时势必已经囊括了先前学过的各个序列。例如，在复习中，讲博物学时要分门别类；讲人种志的分类时也要穿插人类史；讲文化史时要联系其他方面；讲地理时，我们应讲解每一个引人注目的城市，让学生能够从各种方向确定其方位，而对于临江城市则要指明江河流域与山脉走向；在复习数学时应注重每条定理的独立应用，但是对定理的验证也应予以一定的重视；复习语法规则同样也应做到随时可以调用，但同时最迫切需要的是使学生游刃有余地运用语法，对于需要用到的每一条规则，他应当知道查询之处。

一位教师知道如何在复习中巧妙地利用各种形式的联想，却未必总是知道如何在系统讲授中最巧妙地突出主要思想并把次要思想联结起来。

第一百二十二条

通常必须从学生熟悉的知识点出发去推动他们进行复习。另外必须适应他们的思维过程。教师在复习时的计划并不是一成不变的。有时需要暂停计划做必要的调整。被纠正的认识常常必须是指明方向的一个新的联结点。有时候必须给学生自由，让他们自己去确定哪些是最需要复习的。这样他们便会在后续复习中对自己负责，更加有动力去查漏补缺。

第一百二十三条

书面作业的批改同样也属于分析教学。但是，假如太早要求学生做书面作业，就会得不偿失。在写作的时候，学生是在统一自己的观点。假如他有什么错误，而这个错误又困住了他，那么就会造成不良后果。我们必须预先观察，看看在做口头更正和朗读作品时，我们是否高估了学生对这些错误的关注程度。假如常常出错或错误百出，那么学生就会对所有的错误变得麻木，并会因此而唉声叹气和灰心沮丧。因此，假如学生能力较弱，那就只能给其布置很短的写作作业，甚至不布置作业，只要我们确定他通过其他形式的练习也能取得实质性的进步即可。

有的教师为了在学校里省力而布置家庭作业，这完全想错了。不久他就会感到更费力。

许多教师相信，与其布置简短的作业，不如布置很容易的作业，而且为了让学生容易完成，他们把一切都尽可能详细地做了示范，包括提纲与短语提示。这是一个错觉。假如写作应当有一个目的，那么目的就在于促使学生去尝试自己在没有教师指导的情况下能做些什么。假如学生进行这种尝试，那么教师不应该在这时提供各种各样的要求来干扰这种尝试。如果学生在尝试中失败了，那么就表明进行这种尝试还为时过早，我们必须等待或削减作业量，哪怕把它缩短到只写三行字也没关系。因为独立地写出三行字要比依照指导写三页字强得多。在我们获得衡量学生真正能力的正确标准之前，通过牵着学生走所造成的对他们作业能力的错觉可能要持续若干年。

第一百二十四条

假如我们在学生写作之前口头帮助他发展思维能力，情况就会完全不一样了。这种口头分析在青少年时代的后期发展中显得尤为重要，但要注意保证学生有充分的言论自由。这样就有了一个共同的话题，在交谈中教师越是希望帮助学生，就越能化解师生之间的分歧，越有助于顺利的沟通。假如教师放肆粗鲁地指责、打断学生，情况就会不一样。

自己选定的话题远远优于教师布置的话题，只是不要指望多数学生会自选话题。但是，假如让学生自己选定话题，那么这种选择比进行谈话更有助于了解在学生中间传播的意见，了解那些不仅由学校，而且由经验和社会给学生留下的印象，它还可以更鲜明地反映作者的个性。无论每个教师多么希望学生能够自我反映个性，他都要时刻准备着随时随地发现个体的特质。假如他在修改学生作文时硬要插入自己的意见，这是无济于事的。他不可能把这种意见变为学生自己的意见。这种教学方式是可以调整的。如果要成功地纠正学生的观点，也许利用另外一些机会将有所帮助。

第一百二十五条

对于真正的综合教学来说，我们可以从这样的前提出发：在整个青少年学习时期，凡在合适的时候运用纯示证教学和分析教学，就都对他们产生了帮助。否则能否产生最终的成果，尤其是学习和生活的联结，将始终是一个疑问。

综合教学应当提出许多全新的、陌生的东西。我们应当充分利用新鲜事物的普遍吸引力，并且将其与必要的应用习惯以及对每一门教学科目的独特兴趣相互配合。不仅是意大利的事情，还有希腊和远东的事情，都是每日必谈的。有关自然的事实和规律的知识也广为传播。因此，青少年在早期就不得不接触大量的知识，这可以防止他们对半个世纪之前的知识不感兴趣或产生反感。我们一度认为这些知识与生活毫不相干。目前已不难把学生的好奇心引向遥远的地方，甚至过去的时代，特别是当我们能够搜集到珍品与古董的时候。那种学校里尤其是文科中学里的合理要求将有助于强化有关学习必要性的信念，假如不同时普及这种信念，那么在面对学习的辛劳时，学习就无法长久保持这样的吸引力。家庭也将影响儿童的勤奋程度，好的管理与训练易于保证学生学习的意愿。要使学生具有真正的科学追求，并能经受住考试的考验，这不是那么容易的，这就使我们回想到多方面的兴趣（见第八十三条至第九十四条）。假如兴趣已不再是教学的目的，那么我们就必须把它视为唯一的一种手段来永久保持我们的教学成果。

虽然兴趣一方面取决于学校所不能创造的天生能力，但另一方面它也取决于我们所提供的教学内容。

第一百二十六条
综合教学提供的内容应该能够保证持久的、自然而然流露出来的兴趣。那种只能短时间内使学生满意、具有轻松愉快性质的内容是没有什么意义的，不能用于决定教学计划。那种孤立的内容不能吸引学生持续地去钻研，就更不能推荐了，其他理由暂且不论，我们也无法预先确定学生个人主要倾向于什么样的兴趣（见第八十三条至第九十四条）。而那些以某种方式打动学生的心灵，能够以其特性把每个学生的兴趣激发起来的学科，应当得到优先考虑。我们必须留给这些内容充裕的时间，花费较长的时间努力地去钻研它们，然后才可能希望它们以某种方式产生影响，并发现它们在学生身上唤起了什么样的兴趣。相反，如果学习的线索不久就扯断了，那么是否能够让学生继续努力都值得怀疑，更别说产生一种持久的印象了。

第一百二十七条
假如已经选定了教学内容，那么教学方法就要与之相适应，以便使青少年能够加以掌握。一般来说，这种教学方式所产生的练习活动，应当采用这样一条众所周知的规则，即先易后难，特别是先教作为基础的东西，后教那种无基础知识就难以掌握的内容。不过在这方面要求极严格往往会使学生失去兴趣。学生只有在学习后期才能获得完全掌握基础知识的技能，而且这并不是不花力气就能获得的。假如学生的熟练技巧能发展到这种程度，即使有所缺漏也不会有太大的影响，并且能在练习中得以弥补，那么教师必须对此感到满意了。完全铺平道路也就没有必要进行偶尔的跳跃（见第九十六条），这意味着向教师提供方便，而不是针对学生。青少年是喜欢攀爬和跳跃的，他们并不喜欢循着完全平坦的小路走。但他们害怕黑暗。因此必须有足够的光亮，也就是说，必须让事物在他们的眼前清晰地展现出来，使得每一次前进的步伐都非常确定，让他们感知到自己正在慢慢地接近一个遥远的目标。

第一百二十八条

关于教学内容的次序，我们首先要区分基础知识与熟练技巧。显而易见，业已获得的熟练技巧只有在长时间的应用之后才能巩固到不再被遗忘。因此，当学生开始学习应用所知时就应不断地练习熟练技巧，但是要允许学生遗忘那些在得以掌握之前就令人疲倦的基础知识。在记忆中保留下来的那些知识为日后重新开始学习提供了便利（见第九十二条和第一百零三条）。因此，决定教学次序的原则并不是由基础知识决定的，而是由学生的熟练技巧提供的。对非常必要的基础知识，例如基本语法、算术、几何，要选择从最容易的知识开始教学，先教内容，后教应用，这样是最有利的。在最初的几堂课中，只可以向学生呈现个别的事实。要对各种内容以及各个部分之间的内在联系加以详细说明（见第六十八条和第六十九条），直到学生清楚地理解为止，尽可能不要使学生感到疲倦。即使背诵的初步尝试可能会成功，但还是不要指望它，宁可把这种尝试搁置一段时间进行，这样做较为稳妥。对于同样的内容，以后可以从头开始，而不要求记住什么。但是，可以使学生更多地接受教材，注意各部分之间的联系。如果学生理解的时候遇到困难，那么我们更要注意控制进度。理解越是费力，越要放慢步子。当应用的时间到来时，应当要求认真努力。不过，只能布置适当的作业，不能通过严厉的手段提出过分的要求。并非所有人都能够做到一切。如果在学习初期教师没有盲目剥夺学生成功的机会，那么学生即使眼下还不尽如人意，日后也能获得成功。

第一百二十九条

其次,对于教学中的每一个阶段,都应当仔细考虑培养一种特定的统觉注意能力(见第七十七条)。因为我们在进行这种培养时应当利用时机,以便间接地促使通常困难而费时的工作变得容易起来。

我们应当把穿插与继续教学区分开来,把这种区分与自发产生的观点和外界激发的观点的区分(见第七十一条)联系起来。在熟悉的知识点中穿插比继续教学容易,因为继续部分只有在初始阶段才与已有知识点相衔接。在自发产生的观点之间的穿插,在通过我们把学生带到特定的意识领域中使他自然而然地产生某些观点之间进行这种穿插,是最容易取得成功的。在外界激发的或者再生的观点之中穿插教学,在自发形成的自由观点基础上进行继续教学,这些属于中等难度的教学。不言而喻,在这方面还可以分出许多层次。

很熟悉自己学生的教师可以充分利用这种区别。这里仅仅谈了最普通的应用规则。

相对于其他学科而言,实科和数学更加容易与学生的生活体验相结合(见第一百零一条和第一百零二条)。如果教师能够充分利用这一优势,那么我们便可以在这里期待那些自发形成的观点了。教师的任务就在于让学生获得一些基本要点,以便后续再插入别的内容。

语言教学要更难一些。通过从母语中先前所学获得的统觉以及在熟悉的东西中穿插一些新的东西,学生会在母语学习方面取得进步。但是对于外语学习来说,外语和母语的联系是逐步发展的过程,所以在这方面只有当他们已经掌握了一些外语知识后,统觉与穿插才有可能。而只有在这种知识积累到一定程度之后,才有可能产生自发形成的观点。假如再现的观点会阻碍其他新观点的生成,如果一意孤行地进行继续教学,那么毫不足怪,将会出现一种有害无益的混乱。

无疑,这就是有一种古代语言教学的尝试注定要失败的原因,这种尝试是想直接到外国去轻易地学习那里的语言。在法国学习法语的人可以看到各种人物与行为,他很容易猜测什么是与自己相关的事。这种统觉显然是通过与外语相关的自发形成的观点而发生的。而不久之后，语言本身就成为一种感知的因素并且参与到学习过程之中。相反，对于古代语言，我们首先必须具备一定的语法基础，主要是词尾变化、代词与小品词。谨请不要在一开始就立即教授大量的语法，仿佛它们并不需要支撑点。最必要的内容需要长时间的练习，这是首要任务。但最糟的是一开始就进行粗略的阅读，换言之，在未巩固的情况下就继续进行教学。

可是在某种条件下，快速的阅读也会有好结果，那就是内容能引起学生浓厚的兴趣。

第一百三十条

假如读者的思想匆匆掠过字眼，而且掌握了大意，那么就会通过自发生成的观点连同无法猜测的穿插内容而产生所要求的统觉。但是这里有个前提假设，就是这本书对于读者而言是有益的。因此，在语言教学中必须非常仔细地挑选文本，并解释说明其中的内容。

这种阅读工作并不重视语法，但在有必要的时候，也必须从语法方面着手。有时需要在阅读之前补充一些要点，有时需要补充一些相关事实，有时需要在适当的间歇引入一些语法规则。书面练习可以在另外的场合进行，它与语法是另一种关系。

对作家的兴趣在很大程度上取决于历史知识的积淀，在这种关系中不应当无视哲学与所谓实科的联系。

第八章　教学计划作为一个整体

第一百三十一条

假如各种手段都是为了达到同一个目的，并需要克服很多障碍，应当考虑到高阶层、中等阶层与下层的各种人，那么就要牢牢地盯住这个固定的目标，坚持始终如一。这往往并非易事。没有一个教师能够单独教授全部内容，因此要考虑各个教师之间相互依赖，这又进一步增加了教学难度。但是正因为如此，学习课程会依据各种情况而发生变化，从而突出一般目的，即把多方面的、尽可能平衡的和结合得很好的兴趣（也就是智力的真正发展）所包括的各种要素作为教学过程中所有细节的共同目的而放在首位。

第一百三十二条

我们必须一开始就意识到，教学完全不允许超过条件所能忍受的时间，这是为了保证青少年能保持精神焕发的状态。这不仅仅是出于健康和身体活力方面的考虑，还有另一个直接原因，即关于现行教学目的的争论，旨在使学生保持清醒注意力的种种教学艺术与努力会由于学生对学习产生的倦怠而告失败，而这种倦怠是由学生长时间坐在那里和过度的单一智力活动造成的。强迫性注意对教学而言是不够的，哪怕是以纪律的手段得以保证。

对于每一所学校来说，迫切需要的不只是一间宽敞的教室，还有一个活动的操场；教师需要在每一节课后安排一次课间休息；在头两节课后应允许学生户外活动一次；如果有第四节课，在第三节课后应再允许学生做一次户外活动。

更加迫切的是不要布置大量的家庭作业而剥夺学生必要的娱乐时间。如果一个教师认为可以通过布置大量作业来尽可能地取消那种并不确定的家庭监督，那么他是在用肯定的和普遍的弊病来代替不肯定的和局部的弊病。

由于忽视了对这种现象的预防措施，新近出现了许多尖锐的抱怨，今后还将不断出现有类似理由的抱怨。紧张的体操训练无法消除学生的这种抱怨。这种抱怨使教学陷入另一种极端，这种限制使得教学很难保持其内在统一性。

【评注】关于疲劳和学校卫生的内容现在成为一个新兴领域。很多杂志都在关注这一话题，而大量的相关文献已经过了那个"一人独挡天下"的时代。博汉（William H. Burnham）教授在《1898年全国教育协会大事记》（*Proceedings of the National Educational Association for 1898*）中发表的《学校卫生文献》（*Bibliography of School Hygiene*）中列举了致力于此项事业的436部著作、论文以及期刊。很多著作都是基于大量实验和研究的鸿篇巨制，例如艾伦伯格和巴赫（Eulenberg & Bach）以及伯格斯坦和尼托里茨基（Burgerstein & Netolitzky）的著作。

第一百三十三条

属于教学的时间是不应当分散开来的。一周两课时教这些，两课时教那些，每次与下一次隔开两三天，这种做法是过去根深蒂固的陋习，违背了讲授的连贯性原则，是极不可取的。假如教师愿意忍受这一切，那么学生无疑也得照样忍受这一切。

教学内容必须更换，以使每一种内容都有连贯的时间。不能把整个学期留给任何一种教学内容，对于某一种教学内容，往往较少的课时就足够用了。

教学内容不应当按照学科分支的名称分割开来。例如，如果想把几课时用于希腊和罗马的古代史教学，在用几课时阅读古典作家的作品之后花几课时学习神话，在文科中学的最高年级几课时除了用于德语教学之外，还用于科学百科的教学，几课时除了用于代数教学之外，还用于解析几何教学，那么这样就把应当结合起来的内容割裂开来并把时间分散了。

能否节约时间取决于良好的方法，基于讲授的熟练与复习的技巧。

【评注】尽管已经受到抗议，德国学校依然坚持同时讲授多门学科的计划，每周在每一门课上只花费几个课时。相对而言，美国学校则是另一种做法，很少安排每周少于4～5次的时间来教授一些基本科目。

第一百三十四条

随着儿童的成长,他们能自己从一些阅读和活动中获益。他们按照自己的选择来做事,依照自身特点来发展。但是,要求学生汇报这种外在的追求,对于这种要求是否明智,人们是存有疑问的。平庸的头脑不应当出于虚荣心去模仿那些不适合自己做的事情,广泛的阅读绝不应损害感情与思维。博学的广度与深度并不是一致的,前者不能代替后者。有些人可以练习美术而不进行阅读。有些人则为了能够谋生而很早就从事教学活动,然后边教边学。

教学计划本身必须具有内部一致性,而不是依赖附加读物。

第一百三十五条

教学计划应当从头至尾都均衡地考虑所有主要类型的兴趣。经验的兴趣无论在什么地方都是最容易产生的,但同情的兴趣始终是由宗教教育培养起来的。当然,在这方面也少不了历史和语言课程的帮助。美育一开始依赖德语课。除此以外,最好要安排歌唱课,它也有益于身心健康,以后可附加古典作家作品的教学。分析教学、语法教学、数学教学可以从多方面保证思维训练。最后,历史教学成为探究因果关系的学习。我们应当随时随地去谋求课程之间的相互配合。此外,必须依照这个目的来选择作家的作品进行讲解。

【评注】如果说将赫尔巴特对于兴趣的分类作为选择学习课程的指导还有一定的缺陷,那么就在于这些兴趣的命名都仅仅针对学生的个人生活,而对于身处整个社会中的一员来说是不够的。有一种重要的观点认为,即使是用于培养思辨兴趣的自然科学也是社会性学科,因为科学只有在为人类服务方面做出贡献时才具有真正的意义。事实上,我们现在生活在一个工业时代,每个群体的福利都在快速增长,由于科学在人类生活中的应用,教育普及已经成为现实而非梦想,我们正是用这样一种强大的方式来使人类生命得以保存和延续。因此,出于社会兴趣发展的需要,我们并不局限于一些人文学科的主题,例如历史和文学。我们发现每一门学科都能找到其与个人的联系以及与社会的联系。此外，所有的学科都既能激发主观的兴趣也能激发客观的兴趣，有可能唤醒教学中列举的六大类兴趣，但实际上只有一小部分是在好的课程安排中真正需要的。因此，这六类兴趣最好是表明我们应该达到的教学质量而不是精确地说明究竟应该教哪些科目。后者在很大程度上是由心理需要和社会需要所决定的。

第三部分 训练

第一章 训练与管理和教学的关系

第一百三十六条

训练为学生的未来做好准备。它基于希望,首先,它在耐心中表现出来。它减轻管理的强度,否则管理的目标也许会更快地通过更严厉的方法去实现。它甚至减轻教学的强度,免得后者在学生身上施加太大的压力。但是它也与管理和教学相结合,减轻管理和教学的工作量。

训练主要取决于一种有把握的个人态度,如果可能,这种态度与一种对待学生的和蔼方式相同。这意指就教师而言,他们愿意听取学生的愿望和意见,而处于陌生人之中的学生则期待其老师(以及负责其教育的家庭)的同情和支持。但是,只有在学生需要帮助的地方,尤其当这种帮助是用来克服学生自己的弱点和缺点的时候,训练才是积极的(这些弱点和缺点也许会使集中在他身上的希望落空)。

第一百三十七条

训练坚决要求培养合适的品行;它鼓励形成令人愉快的气质。不论发生何种情况,训练都处于一定范围之内,它与联结管理和教学的一些工作相一致。学生永远不能忽略他所学习的学科;如果有一种炫耀的或是自娱自乐的愿望占据了他的头脑,并且使他忘记了自己的工作,那就不好了。

聪明的教师将努力使自己的方式适合学生,只要其后续的行为不出现需要矫正的情况。这样,监督就不像原来那样使人厌烦。如果教师采用耐心的教导方式,那就可以防止采用所有那些较严厉的措施。

第一百三十八条

教师不会以漠不关心的情感去看待教学所带来的进步。他的同情心（甚至可能是担心）与那种在学生身上已被激发起来的或大或小的兴趣结合在一起发挥作用。可是，如果学生没有兴趣，或者情况更糟，学生的不在乎已变成明确的不喜欢，那么训练就永远不能成为一种替代品。

第一百三十九条

在教学中，兴趣的存在是不能被简单地假设的；就像在训练中，学生的良好目的也始终是不能被预先假定的一样。可是，有一件事情必须被认为是当然的：学生不能逐渐感到纪律是软弱的，并且教学是贫乏的。因此，以上任何一个方面的缺点都必须要追溯其根源，并且加以纠正。当学生感到他们喜欢做什么就可以自由地做什么的时候，当他们由于未能取得进步而认为具有充分的理由去责备其教师的时候，该教师的行为方式将毫无作用，并且毫无希望的尝试只能使事情变得更糟。

第一百四十条

在某些情况下，训练和管理混合在一起的程度很高，以至两者几乎不能被区分开来。作为例子，我们可以说到一些基于军训的方式进行管理的大的教育机构，在那里，每个学生都被一个总的体制推着向前发展，而不是被当成特殊关怀的对象。在其他一些情况下，训练和管理分得太开，超过了必要的程度，比如，一位严格的父亲疏远其孩子，在规定的严格的范围内把训练的工作交给其孩子的家庭教师。在"训练"和"管理"这两个概念之间必须做一种区分，以便教师可以知道他正在做什么，可以注意到大概缺什么；我们有理由进而说，这种区分可以使教师避免做一些无用功。因为训练不是在任何情况下都同样有效，所以在这件事情上，教师需要注意，以便那种使他完成他能够做的事情的恰好时机不会在他手上丧失。

第二章　训练的目的

第一百四十一条

正如我们以上所看到的那样（见第十七条、第六十四条和第六十五条），教学的目的完全是由"保持完美"这一要求所确定的，而训练的目的则包含全部的美德（训练对教育性教学起到补充的作用）。现在，美德是一种理想，近似美德的东西由"道德"（morality）这一术语来表示。而且，因为一般而言，一个孩子从仅有学习文化的能力向获得文化本身转化，从获得模糊的知识向获得确定的知识转化，所以近似美德的东西也同样存在于朝向稳定性的发展之中。道德方面的行为如果摇摆不定，那么道德就是缺失的；如果某些不道德的东西成为了习惯，那么这就是缺点。把以上两种情况排除在外，我们便可把训练的目的定义为性格的道德力量。

【评注】"训练"（training）意指有助于良好性格的形成的意志训练（will-training）；"管理"（government）意指有助于形成良好的秩序的训练。前者是为了一个永久的目的，后者是为了一个即时的目的。在管理中，我们能够求助于积极的和消极的方法。积极的方法是使学生对学习和教室中的事物感兴趣；消极的方法是抑制捣乱的冲动。正如詹姆斯[1]教授在其《关于心理学的报告》（*Talks on Psychology*）[2]中所指出的，这种抑制可以分为两类：强迫的抑制和替代的抑制。当教师以消极的方法去阻止恶作剧或漫不经心的行为时，就会使用命令或惩罚的手段。尽管这一方法有时似乎不可避免，但它经常导致心理紧张

---

[1] 詹姆斯（William James，1842—1910），美国心理学家、哲学家、教育学家，实用主义的倡导者，美国最早的实验心理学家之一，美国机能主义心理学派创始人之一。代表作有《心理学原理》等。——中文译者注

[2] 詹姆斯，《关于心理学的报告》，第193页，亨利·霍尔特公司，纽约，1899。——评注者注

（如果不是导致师生之间持久性的情感疏远的话）。替代的方法试图引起一些讨人喜欢的观念，以便去促成对那种讨厌的精神状态的抑制，这些观念的强度应足以替换那种精神状态。"如果对街道上的动静什么都不说"，而这些干扰也许会分散你的学生的注意力，"你通过进行一些很有趣的谈话或者自我表现，从而引起了一种相反的诱惑，那么他们就会完全忘记使人分心的事情，并且能毫不费力地追随你向前"。可是，训练有一个更困难的任务。它必须在学生头脑中注入我们称之为管理原则的东西。此外，它必须成功地使学生养成一些行为习惯，这些习惯将使学生能够学会自治。也就是说，我们必须在学生身上养成感知和行动的习惯，这些习惯将使他能够用大善取代小善，或者至少能立即抵制住邪恶的诱惑。这一任务不是一日或一年的任务，而是学生在学校整个学习期间的任务。

第一百四十二条

接下来的几章将对性格和道德行为各自进行更加仔细的区分。就我们现在的目的而言，我们只需要提醒自己，意志的坚决性（也被称之为性格）不仅取决于意愿，也取决于非意愿。后者或是一种不完全的意愿，或是一种有所克制的意愿，具有抵抗的或拒绝的态度。严厉的管理方法禁止接近可能导入歧途的任何东西，但这些方法很可能会产生一种有缺陷的意愿，而不是形成持久的力量；随着学校生活的结束，令人担心的情况终将出现，学生可能会很快地经历一种变化，以至我们都认不出来他们了。因此，必须这样来考虑训练的任务，即它包括肯定的意愿和拒绝这两方面。

第三章　性格的差异

第一百四十三条

我们的意志活动是由观念所引起的。不同的观念团（masses of ideas）会产生不同的意志行动，因此，在协调和统一多种多样的意志行动时会遭遇困难。

各种各样的观念群（groups of ideas）不会简单地先后进入意识之中；一个观念群和另一个观念群的关系也可能就是统觉的关系。统觉的注意不局限于感性知觉（第七十七条），它也包括内心的知觉。可是，统觉的过程极少或从不会仅仅存在于知觉之中。它涉及更多的东西：一个观念团对另一个观念团产生一种决定性影响。现在，因为每一个观念团可能都是意志行动的根源，所以经常会发生以下这种情况，即一种意志行为接受或拒绝另一种意志行为。还有，作为一种生命的存在，人会意识到自己的卓越性，他对自己下命令，并且对涉及他自己的事情做出决定；他试图实现自我控制。通过这种努力，他越来越使自己成为他自己观察的对象。他的那部分意志活动，我们称之为性格的客观部分（他的自我观察显示这部分活动业已存在）。另一方面，对于新的意志行动，我们称之为性格的主观部分（这种新的意志行动首先在自我考察中发生和存在）。

只有在成熟的年纪，性格的主观方面才能够得到充分的发展。然而这种发展在少年期就已经开始了，在青春期，其发展的速度显得很快；在不同的个人身上，其发展的性质和程度也适当允许有所差异。

【评注】关于绝对重要的观念的假设不再能够被认真地接受。正像在感觉、知觉、统觉和理性的洞察中有一种观念的呈现那样，在情感的冲动、自觉的意志行动和对行为的控制中也有一种关于我们意志生命力的呈现（对行为的控制基于道德义务的一些管理原则）。知识和意志无疑生长于一个共同的根，但是它们的这种联系从根本上来说，也并不意味着意志就一定是随着知识而产生的。情感的冲动是观念的先行者，而归根结底，在精神的最高境界里，实际的东西服从于理想的东西，"应该怎样"比"是怎样"更有权威。换言之，正如哈里斯（Harris）博士所强调的，存在一种感觉，在这种感觉里，意志是自我决定的，即使这种自我控制得到公认的程度是不确定的。正如纳托普[1]所说："呼吁弱者变得强壮，呼吁他们把自觉性集中在绝对的服从上，以至对'应该怎样'的绝对要求将被照做，以上这些都是愚蠢的。"[2] 然而，即使在弱者身上，也会有一种意识的或者可能是良心的制裁，而在制裁之前，对于它是否具有价值，必须做出判断。使弱者变得强壮，强化良好的冲动，提高洞察力，使头脑习惯于仔细思考正确的观念，培养那些值得拥有的情感和兴趣，所有这些都是道德教育的职能。在道德发展的这一过程中，观念世界也许具有赫尔巴特所主张的正确性。这里所谓性格的"主观"方面与行为的控制有关，而这种控制产生于对行为的考察，这种考察又先于意识的制裁，所谓考察就是要看行为和道德义务的管理原则是否一致。正是在性格发展的高级阶段，头脑是有意地进行自我指导的。当然，它迟于性格的"客观"方面，在那里，行动是较为自发的，更多地受一些冲动所控制，更易受到催眠的暗示。总之，它更服从于"意念—动力"，而较少受到思考的影响。

第一百四十四条

考虑到性格的客观基础所显然可能包含的多种多样的意志因素，如果我们要做以下的区分——①学生愿意或不愿意忍受某事，②他渴望或不渴望拥有某些东西，③他喜欢或不喜欢做某事——那就要推进一项调查。此刻，这一类的东西占优势，然后，另一类的东西占优势，最强的东西控制和限制其余的东

---

[1] 纳托普（Paul Natorp，1854—1924），德国哲学家和教育家，早期社会教育学的代表人物之一。——中文译者注

[2] 纳托普，《社会教育学》（*Socialpadagogik*），第9页，斯塔特加特·弗罗曼（Stuttgart Fromman）译，1899。——评注者注

西。但这种限制并不总是一件易事。因此，性格的客观方面起先只有经历过困难才能实现内在的和谐。

第一百四十五条

由于类似的意志行动经常重复，一般的概念就在性格的主观方面逐渐地形成，这些概念涉及业已存在于相似环境中的类似的意志行动，还涉及对自身所提出的要求（这些要求旨在决定他的这种或那种意愿）。

这些要求大多是明智的；它们与事先计划好的、谨慎的自我克制有关，或者也许与行动有关，为的是通过选择合适的方法来达到一种目的。少年想要比幼儿更聪明；青年想要比少年和幼儿更聪明。人们试图用这一方法超越自己。

第一百四十六条

道德品行并不总是通过人想要超越自己的努力而提高的，结果是教师的任务就变成了一种双重的任务，教师不仅要注意和指导学生性格的客观方面，而且要注意和指导学生性格的主观方面。气质、天赋、习惯、欲望和激情归入前一类；学生所表现出来的坦率和狡猾以及他的实际思维的习惯性方法属于后一类。

第一百四十七条

作为一条规则，如果学生的意愿是坚定的，而不为情绪和突然的念头所动摇，那么我们就可以认为，它对于性格的培养是有利的。这种无须努力就能达到的一致性，我们可以用"意志的记忆"（memory of will）来表达。

当一个学生具有这种天生的优点时，其性格的客观部分就容易和自身达成一致。他会发现：①在他的许多与忍耐、占有、活动等有关的选择机会中，这一个东西把种种限制强加于另一个东西；②为了占有某些东西和从事所希望的事情，顺从和忍耐就常常是必要的；③他所爱好的事情并不总是能产生他所渴望拥有的东西，等等。当他充分地搞清楚了这些实际情况，他就能很快地抓住事情的要害，能决定他对哪些东西应关心得更多一些，而对哪些东西则应关心得更少一些。他进行选择，而性格（首先是性格的客观方面）主要是由这种选择所决定的。

在性格的主观部分的发展过程中，会接连地形成一些决心、行为准则和原则等，这种过程包含归类、推论和动机等。在这些动机能够实现之前，将经历许多斗争。

一种性格的力量取决于性格的两个部分即客观部分和主观部分的一致性。如果这两者缺少一致性，那性格就是软弱的。但是在道德上，性格的客观部分和主观部分都必须是良好的；如果情况不是这样，那么性格的力量就不合乎需要。

第四章　道德的差异

第一百四十八条

既活跃又和蔼的学生并不少见，就人们所关心的完善的观念和良好的意志来说，他们也不会引起人们的担忧，至少在开始的时候不会引起人们的担忧。此外，通过一种严格的管理，很容易劝使他们把待人的规则（the golden rule）[1]作为他们自己的规则，他们很快就会倾向于在争论中听从别人的意见，或者更确切地说，在寻找机会吵架方面，他们变得更小心。因此，对于公平和正义，他们也不会引起人们的担忧。总有一天，他们获得了心理的平衡，这是真正的自我控制的基础，这样他们就处于通向内心自由的道路之上。总之，他们拥有了构成道德的那些东西，即基本的道德观念。

但是，道德品行的这些要素在每一个人身上并非全部存在，也不会始终全部存在。与以上所提到的那些值得赞扬的品质一起，带有相反性质的其他特性也会显露出来；很明显，带有相反性质的特性并未被排除，因而那些值得赞扬的品质并不能决定性格的全部。

第一百四十九条

为了在道德上把恶行排除在外，性格的客观方面的那些值得赞扬的品质需要由主观部分的良好决心来加强。

这些决心在道德上是有价值的，它们必须依据那种理论的判断，靠着这种判断，学生通过一些范例逐渐在较好的意愿和较差的意愿之间做出区分。如果他的判断缺乏明确性、力量和完整性，他的决心在自己的理智和情感中就没

---

[1] 这条规则出自基督教《圣经·新约》，指你想人家怎样待你，你就要怎样待人。——中文译者注

有基础。它们至多只是一些被熟记的单词。

另一方面，当理论的判断已和全部的兴趣（这里的兴趣产生自经验、社交和教学）交织在一起时，这种判断就会产生一种对善的热烈的感情（无论是在哪里发现这种善的），这种感情不仅影响学生全部的意志努力，也影响他吸收知识的方式，他正是通过这种方式吸收教学和今后的生活所提供的东西。

第一百五十条

最后，为了增强道德的决心，我们必须利用多种帮助，包括对若干准则的符合逻辑的培养，上述准则的系统的结合，以及以上这些准则在生活中的不断应用。

在这里，性格发展和思考习惯的形成之间的有机联系变得显而易见，因此，除非训练和教学协力进行，否则，训练显然是不能够完成其工作的。

【评注】一个学生一旦清楚地认识到，在行为上提出一种理想将促进其生命价值的真正实现，那么他在实现理想的过程中就能够获得一种兴趣。有一种目标到目前为止还比较遥远，但它正逐渐靠近我们，以至它对人们的行为开始产生影响（而这些行为将导致该目标的实现）。常规、要求，甚至是来自外部的强制等，现在由于良好的决心而得到加强（这些决心来自学生自己的主观状态）。在这里，我们看到了智商和情商的相互影响。思维能力能察觉各种关系，从而把一种新的理想带入人的意识，由于欲望或情感的驱使，学生开始一种行动的过程（他的行程通向理想的目标），这一遥远的目标因而得以传递。[1]

---

[1] 参见：杜威，《与意愿有关的兴趣》（*Interest as Related to Will*），全国赫尔巴特协会1899年重印，第15—16页。——评注者注

第五章　在训练中提供帮助

第一百五十一条

确实，训练的职能并非始终在于管束和干预，更不在于强加他人的做法以代替学生的自我活动。然而，拒绝和允许都是训练的一部分，以使学生对训练所产生的依赖远远大于管理使他所形成的依赖。在管理中，有些规则也许被非常严格地实施，而在其他方面，学生则被听之任之；在训练中，这种类似放松警惕性的做法在任何时候几乎都是不被容许的。只有当存在信任学生的最充分的理由时才能这么做。

细心的教师总是表现出某种程度的满意或不满意（而他甚至并未有意这样做）。在许多情况下，这就足够了；有时，对敏感的学生来说，这样做甚至已经过头了。不寻常的训斥对他们的伤害超过了我们预期的程度，而赞同的表示则逃不过他们的注意（不管这种表示是多么轻微）。教师在对待这种感受能力的时候应该考虑周到。

第一百五十二条

关于对自由的约束，感受能力的敏锐性更为常见。在这一方面，另一点也需要考虑。假如自由在深思熟虑和成功的行动中表现出来，那么自由对于性格的形成就具有最直接的价值。意志的信心来自成功，靠着这种信心，欲望发展成熟而变为决心。在可以期待合理行为的时候，必须给予学生行动的自由；如果情况相反，较早出现自我活动的强烈意识就充满了危险。

对自由予以经常性的指责和剥夺会使感受能力变得迟钝。因此，如果重复训斥是必要的，那么其语言可以并应该有所变化。另一方面，只要可能，教师允许和禁止的习惯做法必须使人感到是持久性的，即使它只是按照一种固定的习惯把同样的允许限定在规定的次数内。除非有明显的原因，否则缺乏一致性给学生的印象就如同专横和反复无常；固定的限制更容易为学生所接受。

第一百五十三条

在没有责备的情况下，感受能力最不容易通过单纯的指导、日常的提醒和定时的号令而变得兴奋起来。日常生活中有许多细节，它们必须被置于秩序的规则之下，但是，过分重视这些细节则是不明智的。严厉的惩戒不应被消耗在处理一些微不足道的疏忽行为方面；它们应该用在重要的事情上。学生必须遵守规则；然而，轻微的惩罚比严厉的话语更合适（只要这种惩罚不伤害感情）。

第一百五十四条

与前述事项紧密相连的是培养习惯。这里指的是忍耐，或者能忍受丧失某些东西的情况而没有怨言，甚至是积极地应对艰苦等习惯。在这方面，仅仅忍住不伤害学生的感情是不够的；还必须允许学生自由地表达富于青春活力的良好情绪和对嬉戏的热爱。

第一百五十五条

如果儿童习惯于满足一些经常性的和不必要的欲望，或者习惯于司空见惯的矫揉造作的放肆行为（既不包含工作也不包含练习），那么，有害的后果就会随之而来。这里仅仅说一种这样的后果，削弱感受能力会使得许多较次要的训练辅助手段失效，而这些手段本来可以运用于那些未被宠坏的儿童并使他们受益。当真正的适度成为日常活动的一种状态时，它就不会给予儿童大量的各种各样的乐趣，出于这个原因，在给予儿童快乐方面，可以说，我们需要节俭地使用资源，以便做到事半功倍。特别是对于儿童来说，我们不应使他们感到，必须在他们身上培养稳重的成人的行为，我们不应由此而破坏了他们无害的游戏。他们的虚荣心会使他们过早地不想使自己表现得像孩子。

第一百五十六条

好教师的谨慎态度甚至会扩展到微小的细节上,而这样做在他有限的工作范围内也确实是很重要的。可是,这并不像相互配合的各个因素之间的相互关系那样重要:

(1)活动和休息之间的关系。必须给予儿童施展能力的机会,但是,练习只是用来促进成长,而不应搞到精疲力竭的程度。青少年必须常常通过经验使自己确信,伟大的事业可以通过发愤的努力去完成,但这种严峻的考验无须成为一种习惯。

(2)制止和激励之间的关系。使人谦卑的训练手段和鼓励人的训练手段应该尽可能地平衡使用。如果能够自己提升,就无须再从外部施压;但是,在训练的整个过程中,当批评的次数明显地超过鼓励的次数时,训练就会失去效果,并且常常对学生是弊大于利,会使学生产生怨恨的心情。

(3)约束和自由之间的关系。环境以及儿童和同伴的友谊应能保护儿童抵制某种诱惑,但是其活动空间必须足够大,而且活动要丰富多彩,以防止儿童对外界事物产生过多的渴望。

第一百五十七条

训练的那些辅助手段,如果我们不能预知它们对于学生的感受能力的影响,其结果就会是不确定的。不过在这些手段中,有一些很值得一试,而最后的判断可推迟至观察到结果之后再做出。严格意义上的教育性的惩罚和奖励尤其应归入这一方面,这些惩罚和奖励是做了什么或未做什么的自然后果。迟到的少年会错过所期望的快乐的事情;如果他毁坏了东西,则必定会失去它们;过分放任之后就会自食苦果;饶舌的人被排除在某个集体之外(在该集体中正在讨论需要谨慎对待的一些事情),等等。这样的惩罚不会有益于道德的改善,但是能起到告诫的作用,并且给人以教训。在何种程度上它们将起到这些作用,事先我们常常说不上来,但无论如何都将给人留下一种有益的回忆。

【评注】 自然后果的纪律[1]已由赫伯特·斯宾塞在他的《教育论》(*Education*)中反复强调过。它在道德训练中的有限作用在前述部分中已被指出。它像一条规律那样起作用,它有助于对一些感情起到与自然规律相同的作用。人的道德感受能力如何能够被万有引力定律所影响?大自然使我们变得谨慎,但几乎不会使我们变得良善。

第一百五十八条

有时,问题是怎样再把学生置于正确的轨道。例如,他们已经变得倦怠了,又或者他们不愿意做功课。这时,我们可以通过改变活动的方式,采取一种突然中断原有活动的办法。偶然会发生以下这样的情况,有些身体强壮的学生的行为很不得当,而且不管受到什么样的告诫和惩罚都屡教不改,或者以另一种形式再次表现出来,但是实际上,这种行为是一种不良情绪的结果,而这种不良情绪本来是容易被纠正的。一件意外的小礼物,一个独特的关注的动作,将很可能打破学生沉默寡言的状态,一旦查明产生这种困难的原因,就有可能找到一种补救的方法。

第一百五十九条

对于那些身体柔弱的学生,促进其健康并对其保持耐心是首要和主要的任务。但是,一方面,善意不应演变为对软弱的纵容;另一方面,严格的监督必须代替各种形式的苛刻的处理方法。

---

[1] 指斯宾塞在道德教育中的自然后果思想。斯宾塞在他的教育名著《教育论》的"德育"这一章中论述了自然后果的训练制度。——中文译者注

第六章　训练的一般方法

第一百六十条

与性格和道德有关的区别提供了思考这一问题的思路（见第一百四十三条至第一百五十条）。简要地说，训练的职能是激励、决定和管理。大体上说，要使学生保持一种安宁和平静的心情；偶尔也要通过赞成和责备去唤醒他；要在适当的时候提醒他，并且纠正其缺点。通过一种比较研究以及运用前几章所分析过的观念，这一简短的说明将揭示一种更明确的价值。

【评注】我们可以接受这样的说法，即训练的职能是激励、决定和管理，但同时我们不应当忘记问以下这个问题：在训练中做这些事情是要达到什么目的？回答是：虽然道德训练的手段始终是心理学性质的，但是道德训练的目的始终是社会性的。激励必须使学生符合社会的标准，教师的管理能力必须被运用于社会的目的，而与此同时，对学生活动的全部管理必须指向同一个结果。几乎找不出这样一种美德——它最终的意义不体现在将其运用于具体的行为上（就像对他人的影响那样）。甚至在原始社会中，这也是真实的。在近代都市社会中，这不仅是真实的，而且是非常重要的。第六章中的讨论始终是心理学指向的，指出社会性含义是评注的应有之义。

第一百六十一条

第一，如果我们回想起有关意志的记忆的一些评论（见第一百四十七条）（粗心大意通常是青年人的缺点，是与有好记性对立的），那么所谓激励训练的活动是何意也就更清楚了。粗心大意的少年记不住以往意志的行动。他需要通过训练来加以激励。进一步的分析表明，这种训练有两种方式：阻止他沿着错误的行动路线前进，支持他沿着正确的行动路线前进。

训练的先决条件是高效率的管理和随后对于管理的服从。言外之意，如果教师下了命令，学生就不敢不服从命令。但是应该少下一些命令，只有当不可避免的时候才可下命令。如果命令过于频繁，就将妨碍学生的自我发展；如果对青少年下命令但同时没有明显的和急迫的理由，那么其服从状态将不会长久地持续下去。总之，管理要不时地进行。但是同时，不能允许学生处于一种失控的状态。他必须对某些限制保持感觉（即使这种感觉非常弱），不能允许他逾越这些限制。这种结果就是训练的激励性职能的目标。

但是，即使学生通常是服从的，他也不可能服从每一个人，不可能在任何情况下都服从，不可能始终完全地、干脆地和毫无反抗地服从；一旦他听不进温和的话，就更不可能愿意服从一种针对他的严厉的管教。当然，教师必须知道他可以依靠哪些支持；父亲需要下定决心，即在多大程度上他愿意采取强制措施；家庭教师需要知道，在多大程度上他可以指望得到家长的支持；公立学校的教师需要知道，在多大程度上他的行动会受到上级的支持。但是所有这些都涉及一种从训练回到管理的要求，而这一点应尽可能地避免。多数令人不愉快的难以处理的情况都是长期纵容软弱的渐进结果，那时候求助于管理就成为不可避免的了。这里不考虑以上这样的情况，这样做是正当的，因为，除去所有别的考虑，假如管束尚未被完全解除，甚至学生那种对抗性的桀骜不驯也会很快停止，并且屈服于一种自责（当这种桀骜不驯遇到了认真和审慎的严格态度的时候）。

【评注】学校具有一些能获得一种良好"意志的记忆"的最明显的方法，通过它们，学校坚持众所周知的学校美德——规律性、准时、安静和勤奋。学校的管理或纪律主要是使学生获得这些习惯。哈里斯博士已详细地指出了这种结果在性格发展中的意义。[1] 有趣的是，我们可以注意教师个人的权威是怎样通过校内外的社会压力而加强的。一座拥有13000名居民的城市的督学报告说，在整个一学年期间，学生迟到的情况只发生了1462次。假如在规定的期间某个教室里没有学生迟到，那么该教室的学生就会时不时地得到短暂的假

---

[1] 参见全国赫尔巴特协会第三次年鉴。——评注者注

期。这样做在校内就导致了一种巨大的社会压力，即要保证有足够的到课率。笔者曾经在一座拥有大约6000人口的城市中访问过督学的办公室，当时碰巧遇到以下一个场面：一位大约14岁的年轻姑娘在其父亲的陪伴下走进办公室，这位父亲是外国人，不能流利地说英语。这位姑娘马上开始为她兄弟的行为表示歉意（她的兄弟被确认有时上学迟到），还恳求督学原谅她的兄弟并让其复学。对于督学所讲的一些反对的理由，这位父亲很激动地回答说："哦，督学先生，您就不能再给我儿子一次考验的机会吗？"这个男孩已"试读"过很多次，以致其父亲和姐姐两人的请求被提交给一位法官，这位法官对这样的事例拥有管辖权。对于持续逃学的惩罚是去一所公立的工读学校学习。这是一个事例，在这个事例中，教师在保证按时到课率方面的权威通过校外的社会而得到加强。学校和社会所承受的不断的压力有助于确立一些意志记忆的习惯，这些习惯可以作为稍后的道德训练的一种极好的基础。

第一百六十二条

在训练自身有能力去弥补服从的不足之前，在学生身上必须唤醒一种活跃的情感，使他感到，教师的认可是一种宝贵的财产，而他不愿意失去这一财产。而教师若要形成这一局面，他就必须有效地和受欢迎地参与学生的生活。在教师能够得到一些东西之前，他必须有所付出。此外，如果在他看来，学生需要转向不同的方向，他就不应低估他面前这件工作的难度；他必须慢慢地继续做下去。

性格训练的最初几步工作被尼迈耶用以下的话语做了极好的描述："教师首要的职责是研究教育对象的天性中所存在的那些积极的、好的要素。保护这些要素，巩固这些要素，把它们转变成美德，并且想办法使之能够抵御各种危险，以上这些应该是他持续不断的努力方向。可以说，它们应该构成他的整个教育方法的基调。甚至在被宠坏的、有缺点的学生身上，他也应该寻找好的东西，使这种好的东西显露出来，而不管在好东西的旁边已产生了多少令人讨厌的东西。随后的道德教育必须从这一点开始。"

尽管这一段话严格来说属于对道德教育的讨论，但在这里也可以给予其一席之地。对于学生较好天性的感染力促使他迅速地服从，尤其是当这种服从还伴随着那些谦恭有礼的言行的时候（这些言行与优雅的社交相匹配）。对那些同时具有最强的意志记忆的学生来说，这种服从是最有效的，而更进一步加强训练的激励活动也并不困难。

第一百六十三条

另一方面，当学生不能牢记他的意志行动的时候，训练工作就相应地渐渐变得艰苦起来。但是，即使这样，在任性的不守秩序和明显的轻浮、轻率之间也还是存在一种区别。

有可能出现这样的情况：学生会鲁莽地向教师提出挑战，要求开展某种争论。教师不应接受这样一种挑战，通常教师应镇静地不赞成争论，温和地看待学生的挑战，并等待学生疲劳，在开始的时候这样做就足够了。这样，学生所陷入的窘境将使其感到害臊，于是，人们可以继续观察：是否能够使该学生采取一种更平静的态度。训练甚至可以用这种方式来补偿管理的不足；可是，对于许多学生而言，一旦不守秩序成为恶习，这种补偿就几乎难以进行了。

【评注】师生之间任何的争斗都是令人痛惜的。作为一个领导者，一位好的教师在他的心理优势、权威和影响等方面总是强大的，足以避免这种争斗。这样一种争论表明，学生已自我意识到一种不好的感觉。他使自己的个性和教师的个性相对立，并把其个性置于教师的个性之上。如果教师很软弱，以至去顺从学生，那么学生就会取得一场有害的胜利——对他自己、对教师以及对学校都是有害的。用主动的活动去取代内省应该是教师的一个永恒的目标。学生应该始终有事做，那样不仅会增进他自己最大的利益，也会增进学校的利益。权威人物几乎不应促成或允许一场与学生的争论。它应该是所有学校事务的一个强硬的但又几乎未被觉察的先决条件。在这里就像在别处一样，游手好闲是调皮捣蛋的根由。

第一百六十四条

从较为严格的意义上说，在健忘、疏忽、缺少稳定性以及所谓年轻人的恶作剧中所表现出来的粗心大意是天赋能力方面的一种欠缺，当它随着年龄的增长而变得难以觉察的时候，由于再三的告诫以及对外界印象的敏感性降低，对这种粗心大意不能再采取一种激进的对策。在这种情况下，为了预防这种性格上的缺点所带来的不良后果，或者至少将其减少到最低限度，通过训练去激励学生才是更为迫切的。这是因为，粗心大意的、冲动的少年开始以自己的举动为乐，他会坚决反对秩序和勤奋，会竭力去发现一些手段，以为这些手段可以使他获得一种没有约束的生活。这种危险必须通过训练去加以防止。在开始的时候，在一种有害的意志有机会得以发展之前，训练就必须取代这种意志。训练必须使学生清楚地认识到他所忽略了的东西。训练必须将这种外部的稳固性和一致性注入学生动摇不定和没有固定方向的冲动当中，而这一点学生自身是根本不能立刻做到的。

这是下命令的合适之地，不要与儿童争论。"我在告诫大家不要过多地争论时，语气不能过于强硬和直率。"卡罗琳·鲁道菲（Caroline Rudolphi）如是说。施瓦茨（Schwarz）引用了这段话，并且补充说："说过一次就已太多了。"尼迈耶在谈及过分的变态的活泼和过于粗心大意的特性之后，说："这引起了疏忽，一种对于后果的忽视，还有草率的行动。"他这样继续说："所有这些并不是内心的缺点，但它们仍旧是需要被改正的缺点，并且改正它们的唯一可靠的教育方法可能就是培养好的习惯。但是，只有当有一些迹象表明缺乏好的打算的时候，或者当这些缺点已变得很突出的时候，那些人们明智地挑选出来的积极的惩罚才可以被用作辅助的手段。"在这一点上，他进一步建议教师要坚决认为，学生必须纠正那些能够被纠正的缺点，因为不明确的提醒是没有好结果的。

当然，这样并未解决整个问题，但是我们仍旧在讨论训练，把它作为一种激励的力量，并且从这一观点来看，真实的情况就是：不应以争论来代替习惯的培养。

第一百六十五条

管束一个活泼但又粗心大意的少年比使他保持适当的活力更困难，后者比较容易些（至少在某些情况下），如果教学能够激发他的兴趣的话。对于懒惰的少年来说，情况就完全相反，你得使他勤勉起来。在此，通过与活跃的玩伴的交往去激发他对体育活动的兴趣，这是要完成的第一件事情；如果到目前为止他还不能完成困难的功课，布置较容易的作业就足够了。如果懒惰是由于身体的虚弱，那么，从健康措施和年龄增长等方面来看，情况的改善还是有希望的。

下面的规则应该到处可见：练习不能超过学生的实力，但练习一旦开始，就必须完成。至少不能允许学生放弃他们所选择的工作；他们必须把工作看成一个整体（不管这个整体是多么小）。

第一百六十六条

几乎不言而喻的是，训练的激励过程在于教师自己的态度——在于他的行为的一致性；但是这种一致性也必须清楚地呈现在学生的眼前。教师尤其应该防止引起以下的抱怨：没有人知道如何去使教师感到满意，人们做的任何事情都不能使教师感到高兴。当事情已发展到这种状况，学生要做的第一件事情就是像观察天气那样观察教师的情绪，并且交流其观察的结果。教师不好的情绪令人担心；而他的良好情绪则会被学生趁机利用，以提出迫切的要求。学生试图改变对他们起作用的牢固的支撑点，即使是最微小的成功，也能唤醒一些奢望。较早时期的管理的后效逐渐消失，严格措施的恢复将随之产生一系列新的弊病。

【评注】歌德史密斯[1]在他的《荒废的村庄》（*The Deserted Village*）中已很

---

[1] 歌德史密斯（Oliver Goldsmith，1728—1774），爱尔兰诗人、剧作家、散文家和小说家。代表作有《荒废的村庄》《威克菲尔德的牧师》《屈身求爱》《世界公民》《旅行者》等。——中文译者注

好地描写了"喜怒无常的"教师：

> 他是一个严厉的人，对所见之物很严格；
>
> 我很了解他，每个逃学者都知道：
>
> 如果可能的胆小之人学会了跟着别人走，
>
> 一大早就要面对那一天的灾难；
>
> 他们大笑，带着假装的快乐，
>
> 这就是他的玩笑，他开的许多玩笑；
>
> 满是爱管闲事的窃窃私语，流传开来，
>
> 当他表示不满时，定是传来了不好的消息。

第一百六十七条

第二，训练应该产生一种决定性的影响；它应该引起学生做出选择（见第一百四十七条）。这包括上述关于要忍受什么、占有什么、做什么的决定，也包括关于做与不做的自然后果的经验性知识（见第一百五十七条），因为，如果不考虑这些，许许多多的意志就难以协调一致。关于训练的这一方面，目前要注意的第一点是：教师不应为学生去做出选择。学生自己必须做出选择，因为这是他自己应该形成的性格。他必须自己经历一部分称心合意的或有害的事情（尽管只是最小的部分）。火焰的燃烧、针的刺痛、跌跤或挨打致伤，连小孩子都必须学习这一课；假如教师不使学生濒于严重的危险，稍后他也必须获得类似的经验。实际的经验进一步证实了教师的谆谆告诫，如果学生不再等待证实就能够相信其他的告诫，那么我们的主要目的就达成了。

【评注】对于选择的行动来说，同样重要的是选择的内容。如果行为必定具有一个社会后果，那么学校的所有活动就将集中在这一点上。要做出理性的选择，首先必须要有对社会的理解力。这就是教学有待发挥的作用。根据赫尔巴特的一种著名的学说，教学的主要任务是使一种新的东西逐渐进入学生的道德视野，为的是使他软弱无力的意志可以通过种族的经验而逐步得到加强。对于这种新的发现来说，其手段一方面是学习，另一方面就是学校根据社会的原理所采取的行动。其次，道德选择可以真实地表达学生的精神状态，而不是表现他对外界的强制力，道德选择必须产生于他的洞察力，而这种洞察力是通过他对道德观念的社会应答得以充实的。换言之，他的倾向应该进一步确定他对于正确的行动路线的理智的认识。这引出了与意志相关的兴趣的整个问题。[1]在这里，不管学生的倾向是多么的"好"，其天生的、本能的、几乎是无意识的态度将大大地强于病态的内省。至于一位少年是否可以去摸鸟巢并取鸟蛋，他并非必须得"反省"诸如此类的问题。

第一百六十八条

快乐和痛苦主要产生于社会关系之中，以至学生必须在社会环境中成长，以便开始了解他在社会上许多人中间的正常的地位。这一要求相应地使得人们要十分注意预防不好的范例和粗鲁的言行。另一方面，不应这样忧心忡忡地去选择少年的交际伙伴，仿佛可以去除他的压力感，而这种压力在任何人类社会中都是由各种努力以及与之相反的力量所引起的。就儿童的玩伴而言，过分的迁就会造成对于实际生活条件的一些错觉。

还有，交往和独处必须交替进行。社会潮流不是要把其他一切东西一起冲走，不是要变得比教育更强大。少年，更不用说青年，都必须学会独处，学会有益地利用他的时间。

【评注】儿童和他伙伴之间的继续不断的交往容易使他过于受到模仿的影响，并且冲动地按照未加思量地建议的方式去行动，而这些建议总是会支配许多儿童、青少年和群氓等。参见鲍德温教授[2]的话："许多人是按照社会建议去行动的，而社会建议的特征表明，这些建议严格说来就只是建议。它们不是真理，也不是理由，也不是洞察力，也不是发明创造……易受暗示影响的头脑具

---

[1] 参见约翰·杜威博士的《与意愿有关的兴趣》一文，全国赫尔巴特协会1899年重印。——评注者注

[2] 鲍德温（James Mark Baldwin，1861—1934），美国心理学家。代表作有《儿童和种族的心理发展》《心理学手册》《社会和伦理的解释》等。——中文译者注

有众所周知的特征。巴尔扎克[1]在《欧也妮·葛朗台》中用一个问题简明、恰当地描述了其中的一种情况：'人类能够集体没有记忆吗？'我们可以逐一考虑各种心理功能，就它们提出同样的问题。人类能够集体没有思想吗？能够没有价值观的意识吗？能够没有深思熟虑吗？能够没有自我控制吗？能够没有责任心吗？能够没有良心吗？能够没有意志吗？能够没有动机吗？能够没有目的吗？对每个问题的回答都将是相同的：不能，人类不能够没有它们。易受暗示影响的意识是这样的意识：它没有过去，没有未来，没有高度，没有深度，没有发展，与任何东西无关；它只是进和出。它接受并且表现出所存在的一切。"[2]正是在这里，我们发现青年人的越轨行为的根源对于社会、学校和学院来说是如此普通，成年人的恶毒行为的根源也是一样（这些恶行是那样经常地使美国人民的道德感受到震动）。当儿童作为一个负责任的人能够"醒悟过来"时，他需要有频繁的机会去独处。甚至在儿童和他的伙伴之间的交往完全是无害的情况下，对于纯粹的建议也有一种不断增强的响应。这一倾向可通过对个人的任务和责任的关注去加以纠正。

第一百六十九条

通过交替地与同龄人以及成年人一起生活，学生逐渐熟悉荣誉的不同标准。把这些标准统一起来，并且以一种适当的方式使一个标准服从另一个标准，这是训练的一部分工作，其容易或困难则取决于一种特定差距是较小还是较大，这种差距就是：一方面是对蛮力的评价，另一方面是对良好教养的要求以及对禀赋和知识的关注。主要的事情是不要虚假地养成一种虚荣心，而同时必须小心，以免压抑了天生的和真实的自尊心。可是，那些对学生的进步感兴

---

[1] 巴尔扎克（Honore de Balzac，1799—1850），法国作家，法国现实主义文学的主要代表，被誉为"现代法国小说之父"。代表作有《高老头》《欧也妮·葛朗台》《驴皮记》《娼妓荣辱记》等。——中文译者注

[2] 《社会和伦理的解释》（*Social and Ethical Interpretations*），第236—237页。——评注者注

趣的人通常自己需要防止自欺欺人的行为（这种自欺欺人是由一些过高的期望所导致的）。如果这些人沉湎于这些过高的期望，他们就会不自觉地变成奉承者，并且迫使少年（还有青年）去超越他们所能够保持的现状。结果就会产生痛苦的经历。

【评注】 对身体健康之价值的一种反常的过高评价倾向，在近代大学对于体育运动的态度中可以看到。无疑，公众在总体上仍低估了有好身体的重要性。除非身体得到发展，以至能够经受住严峻的考验，否则我们近代的生活及其伤脑筋的工作将破坏民众的大部分实力。如果这一点对男子适用，那么对妇女也适用，她们现在正从事着许多新的使人筋疲力尽的工作行当，其中最不费力的工作并不是教学工作。但是大学生倾向于羡慕肌肉发达的人。在一个短暂的时期内，成功的运动员比学校里最有才智的学生或教授更多地受到赞扬、钟爱并被大肆宣传。科学或慈善事业中最杰出的成就几乎不会像一支足球队中一个成功的后卫那样受到如此多的关注。运动员知名度的上升确实就像一枚火箭那样，一瞬间震动着人的耳朵并且耀人眼目——然后就不见了，或者理所当然地隐退了。教师必须努力用一种有关价值观的更真实的评价去取代那些虚假的评价（即使这种真实的评价并不那么使人激动）。

第一百七十条

对涉及日常生活必需品的价值的关注比天生的荣誉感发展得稍微慢一些。对于金钱来说尤其是这样，少年当中起先很少有人知道该怎样花钱。少年往往成为骗人的东西的牺牲品（这种骗术偷偷地说这和说那），而不是自己学会说这或说那（一笔固定的钱可以买到这些或那些东西）。在这方面，学生也需要获得一些经验；此外，他最后必须逐渐知道物品的价值，不仅要知道金钱上的价值，而且要知道：如果没有这些物品，做事就不方便。很少有必要对卑劣的吝啬进行告诫；可是，少年常常会听从粗俗的市井浅见，并且也许会发生这样的情况，即他通过模仿而表现出吝啬，并且顺从他自己的冲动而挥霍金钱。如果这一类的缺点不能通过学生自己的荣誉感去克服，那么他就要接受道德教育。

【评注】 给儿童讲授金钱的价值，尤其是讲授储蓄的好处，在这方面近代有一个方法，那就是学校储蓄银行的建立。在这里，学生发展了他的积累的本能。同时，他学会了抑制自己经常无节制地花钱的爱好。如果对自己放纵，而同时对他人吝啬，并且允许它在童年和青年时期渐渐变成一种习惯，那么在后来的家庭生活中，它将成为生活很不幸福的一个根源。妻子和孩子常常是这种自私行为的受害者。由于妇女基本上是儿童的教师，她们在内心里应该足够地具有女性的一种兴趣，即向儿童反复灌输关于挣钱和花钱的适当的观念与习惯。再也没有别的什么自私行为能像自我放纵那样引起人们如此之多的反感了，这种放纵损害了他人的利益，而他人本具有一种天然的权利去公平地享受所生产出来的东西。这种行为的"自私性"如果经常被公之于众，那么它将会得以自行纠正。

第一百七十一条

如果经验已经告诉学生，在何种程度上他必须忍受或无须忍受人类社会的压力，他能够拥有或不应拥有什么样的荣誉、物品和享受，那么，一个问题就出现了：他如何把所有这一切与一些事务性的工作联系起来？在这些事务性工作中，有的对他具有吸引力，有的则使他感到厌恶。富有思想的学生很快就能认识到（无须他人告知）：一件事情常常使得另一件事情成为可能，一件事情包含或制约着另一件事情。但是，这一真理无法给思想肤浅的少年留下深刻的印象（即不能使他理解这一真理的充分的说服力）。因此，教师必须帮助他加深这种印象，因为一个人如果对这些问题没有一种固定的见解，他就仍是一个没有性格的人。

然而，缺乏固定性往往是值得期望的，其原因恰恰是——这一说法适用于一些学生，他们的智力兴趣还有待于教学去激发，或者他们的道德和宗教教育到目前为止还处于一种落后的状态。性格的客观部分（见第一百四十二条）不应过快地予以固定；训练的价值有一大部分就在于放慢这一过程。这样一种目的是通过某种管束得以实现的，在这种管束之下，学生被指定处于从属地位，其言行被要求与他的年龄相一致，并且拒绝给他不经允许就随心所欲地去行动的自由（第一百五十二条）。意志方面的理论判断（见第一百四十九条）常常较迟才出现，或者与上述经验所产生的印象相比显得仍不够有力。在那种情况下，道德热情也是缺乏的，此时如果给学生自由，让他做他所选择的事情，他的性格固然会形成，但他会养成不好的习惯。与其如此，倒不如鼓励开展适合于青少年的娱乐活动（甚至包括一些带有孩子气的游戏），这将是更好的办法。

第一百七十二条

第三，在管理的训练开始后，首先显现出来的是性格的主观部分（见第一百四十三条）。在儿童还比较小的一个时期里，一条适用的规则就是不与他们争论（第一百六十四条）；也就是说，只要我们还能遵守这条规则，它就仍然适用。可是，当学生开始自己思考时，这一时期就结束了；换言之，此时他的思维已获得了这样一种连贯性，以至他的思想已不再作为瞬间的幻想而忽来忽去，而是具有了永久性和一致性。不应听任学生自己去把握这种思考的过程，但也不能用专横傲慢的命令去压制他们。教育者现在必须研究学生思考问题的过程，必须与学生开展争论，并且防止学生的思维朝错误的方向进一步发展。

设定规则的倾向在人生早期就已显露出来，例如在儿童的游戏中就可看到。关于做什么的命令每时每刻都在下达，但只有一些绝对必要的命令不完整地得到了执行，并且常常在执行中走了样。也常会有一些最初的和幼稚的决定；但是只要这些决定不能保持一致，它们就没有意义。如果这些决定具有稳定性，如果手段和目的结合在一起成为计划，如果在困难的条件下还试图执行这些决定，如果用一般的思想方式去思考这些决定，从而要求它们在未来可能的情况下确实可行，并且因此而被转变成一些准则，那么情况就很不相同了。

第一百七十三条

管理的训练离不开深谋远虑，它首先要求教师容忍一种烦扰的讨论，而不去制止学生直率地表达他们的意见，只要学生的反对确实是真诚的，并且学生的虚荣心并未因意外的称赞他们的话而过多地得到满足。在某些情况下，要使学生立即信服是不可能的，这就同样要运用预见的能力。这时，最后的判断应被推迟，而不应坚持某一种看法；向学生指出他缺乏足够的知识，并且指点他未来的学习，这么做总是容易的。自信通常是青少年的主张的特点，而这种自信的根源一般在于他们十足的无知。他们丝毫不知道人们持有多少不同的见解，有多少争论。教学将逐步地纠正他们这种过分的自信。

【评注】只有在一个纯粹专制的国家里，才会强迫人们绝对服从权威。没有一个渴望政治自由的国家能够容忍这样一种制度。即使不考虑所有的政治因素，仅仅是主观性格的发展这一件事也将要求对这样一种方法进行谴责。但是在一个我们这样的国家[1]中，人们在个人方面和政治方面都是自治的，对领导能力的培养不亚于对服从精神的培养。因此，假如争论的目的是澄清学生对于慎重或责任的认识，那么就出现了一次机会，在这时开展争论就是恰当的。就普通的学校道德（整齐、准时、安静和勤奋）而论，以下做法并不为过，即坚持服从而不与所有的学生开展争论。老年人和年轻人都能够理解这些道德的必要性。当到达更复杂的行为阶段时，如果权威还在发挥作用，那么维持权威的一些理由可以通过对话去加以揭示。在年龄较大的一些学生的头脑中确定管理的原则是在训练中经常要努力去做的，为的是使他们在其能力范围内可以学会自治。换言之，他们应该能够达到康德所谓的道德高度，但不是一蹴而就，而是通过在道德自律方面的一种逐渐的进步。我们在这里理解了赫尔巴特关于道德训练的概念的优越性。

康德将其作为一个无法解决的问题而予以放弃的东西只能被理解为一种自然的过程。康德说："一条规律如何能够自行直接地决定意志？对于人类的

---

[1] 这里指美国。——中文译者注

理智来说，这是一个不能解决的问题，因为这一问题和以下的一个问题是完全相同的，即怎样才有可能形成一种自由的意志。"[1] 就康德的理论来说，困难在于他承认，没有任何心理学的手段可用于去获得自由起指导作用的心理能力。他只能对儿童说："你是自由的，是一个自由的、自治的公民。"康德认为自然的冲动、情绪、欲望、满足和兴趣等都是不道德的，因此就应该加以抵制。作为性格的最终目的，它们确实应该被抵制，但是康德不予承认的是，它们是形成性格的心理学手段。并非如他所认为的那样，这些情感从根本上来说完全不是坏的东西，而是好的东西，因为它们有助于提供生存的必要条件（包括个人的生存和种族的生存）。欲望、害怕、勇气、好斗、谨慎、性本能、好奇心、喜欢装饰品、节俭，还有其他许多基本的爱好，它们在过去起到了防止种族毁灭的作用。既然人类发展的领域由丛林搬到了城市，那么，一些新的社会的和理性的冲动在未来就将提供生存的手段。正是通过理性的洞察，新的思想才得以系统地提出；正是通过这些基本的情感，积极的心理能力才得以激发出原动力，实现它们的功效。从作为肉体生存的生物学手段开始，人类的情感现已成为公民生存的心理学手段。因此，从心理学角度来看，人类并非生而自由；他们是后来才变得自由的。为了成为自由的人，他们必须有机会运用自由；起先当他们在学校接受教诲的时候，这种自由处于一定的但又不断放宽的限度内；后来，自由则处于公民社会所设置的限度内；最后，当他们已认识到社会中理性的规律就是他们自己生存的规律时，自由就是绝对的了。

第一百七十四条

但是从训练的观点来看，最重要的事情是行动的一致性或不一致性。必须使轻率地提出行为准则的人感到执行起来的困难。这样就把一面镜子竖立在学生面前，一方面是为了去除难以执行的准则，另一方面是为了巩固正确的原则。

---

[1]《选集》（*Selections*），第284页。——评注者注

在难以执行的准则中间也包括那样一些准则,即尽管它们与谨慎相一致,但违反道德。如果学生尚未发现这些准则是不能坚持的,那么就应通过显示这些准则引起人们反对的结果,使它们真正的性质显露出来。

第一百七十五条

管理的训练常常要求教师说一些令人振奋的话。他必须使学生回想起过去所发生的事情,并预言未来的结果,免得学生的缺点继续存在;教师必须引导学生去洞察自己的内心,其目的是找出他的行动与其根源的因果关系。可是,如果能考虑到道德教育,这件事早一点做,现在就无须教师的长篇大论了。此外,如果教师的讲话越有效,如果教师越有理由要求学生做出独立的判断,如果学生越能够充分地观察自己周围的情况,观察陌生人的言行,那么教师的讲话就越应该平心静气、语言简洁。因为当学生已开始把新的东西和旧的东西做比较时,他对旧的东西的感受性是很弱的,并且将很快完全地消失,除非旧的东西事先确实已给学生留下极深的印象。

【评注】教师讲"令人振奋的话"的目的是刺激学生的头脑运用原动力去实现道德的目的。不应当允许学生采取虚无主义的态度,或者是仅仅做一个被动的旁观者,又或者是做一个头脑简单的人,既缺乏本领,又无关紧要,必须激励他形成一种认真负责的性格,在生活的许多活动中成为一个有能力的参与者。应努力要求学生保持已获得的洞察力(只是理论上的保持),要求他们保持自己所养成的一些素质(只是它们尚未被积极地加以运用),要求他们把老的习惯用于新的用途。即使必须要求抵制讨厌的行为,更好的办法还是把"替代的抑制物"应用于"否定"的抑制物。[1] 在反对恶行的同时,要指出通向正确道路的方向。

---

[1] 詹姆斯,《关于心理学的报告》,第 192 页。——评注者注

第一百七十六条

第四，学生的头脑应该保持一种宁静的状态；他的智力应该保持一种适合于清楚理解的状态。这样做完全是为了避免激情的爆发（但并非普遍地针对一般的情感）；平静首先是形成理论判断的条件，因此也是奠定道德基础的条件（尽管不排除其他方面）。

如果心灵经常地并且长时间地处于一种期望的状态，以至思想集中在所渴望的东西上，那么一些计划就形成了，一些希望也产生了，并且对其余的人或事物的不良意志也扎根了，这样的话，每一种欲望就都可以发展成激情。因此，必须高度关注所有持久的、经常产生的欲望。

第一百七十七条

最平常的欲望是身体对食物的需要和身体活动的需要。现在，要采取的第一个步骤是满足这些与生俱来的冲动（但应防止这种满足过度），为的是抑制不守规矩的行为（这些行为源于一些渴望未得到满足）。我们不应让一个少年因为饥饿而去偷窃，也不应使学生坐得过久而导致他逃学。这一告诫不是多余的。这样的事情甚至在一些家庭中也发生过（在那里，不是很不合理的做法也许会有）。确实，过分放任的行为更是时常发生。

当与生俱来的需要失去了对它们的刺激，一种明确的和不可改变的拒绝必定是与更多的欲望相对抗的。应该把某些能够转移注意力的作业与这种拒绝结合起来。

如果能够把那些继续激发欲望的事物移开，那就更好。这一做法在一个人自己的家中比在陌生人的家中经常更行得通，也更有必要。如果这种事物不能够被移开，那么对于欲望的满足可以推迟到未来的某个时候。前面所述可以通过从树上摘水果吃这一例子来加以说明。无条件的禁令会随之带有一种危险的不服从命令的诱惑，而与此同时，若要采摘未成熟的水果，更不用说有可能毁坏他人的果园，那么在这种情况下，无条件的同意同样是不能允许的。

用类推的方法会使人想起许多类似的对于这一特定规则的运用。

第一百七十八条

还有，儿童游戏的时候成人必须照管他们。游戏中想象的自由发挥越多，变化就越多，我们就越发不必担忧。但是，当同一种游戏按照同样固定的规则经常地重复时，为了达到特殊的熟练程度，一种学习的成分被加入到游戏中，这时就可以产生激情，例如对于玩纸牌的一种过分的喜爱，即使并不含有赌注。赌博必须完全禁止，假使对于这一条禁令的服从是不确定的，那么我们必须通过高度警惕的监督来促成学生的服从。

【评注】 一位教师观察儿童的游戏是为了达到什么目的？防止恃强欺弱，防止不公平的事情发生，防止粗野行为和亵渎的言语——这些类似的目的是教师的愿望。可是，游戏的主要作用之一是培养社交能力。这有两个方面，一是愿意和一群人合作，二是领导一群人的能力。领导与合作应该交替进行，这是必要的。如果允许一个儿童在同伴中始终处于领导地位，那么他将成为一个专横的人；如果总是强迫一个儿童跟随别人行动，那么他将成为一个屈从别人的人。以上这两种发展都是片面的。教师不应不适当地阻拦儿童去发挥天生的领导能力，而应平静地保障每个儿童都有他自己的机会（包括领导别人和跟随别人），这样做才是恰当的。正如幼儿园让孩子用游戏去模仿各种职业，同时引起他们对于这些职业的同情心并且尊重这些职业，学校也可以通过适当的变化去创造许多令儿童感到愉快的团体游戏，这些团体游戏是一种强有力的手段，儿童通过它们可以培养合作的习惯，并且形成对于社会活动的一种普遍的态度。现在人们对于不同形式的儿童游戏给予了许多关注。对于诸如《教学法研究》（*Pedagogical Seminary*）这样的杂志而言，情况尤其是这样，该杂志由位于马萨诸塞州伍斯特（Worcester）的克拉克大学出版。

第一百七十九条

即使学生的禀赋不高，防止他变得性情暴躁的危险的一种极好的手段，也仍然是使他通过学习而获得一种艺术才能，比如说音乐或绘画。可是，必须使学生懂得，他不应同时开始学习数种乐器，也不应使自己分散精力而试图涉猎绘画艺术的各种分支。正相反，他应始终如一地力求熟练地掌握某一个限定范围的艺术本领。

在完全缺乏能力的情况下，我们可以利用学生对于这一种或那一种活动的爱好，诸如收集植物标本或贝壳的爱好、做纸工的爱好、做细木工的爱好，甚至对园艺的爱好等。

善于写诗的才能其本身是值得向往的，不过它要求学生以认真好学的态度获得一种可靠的调节作用，因为，年轻的诗人会表明一些主张，但如果他专注于这些主张，那就很可能会造成危险。

【评注】 这一建议十分重要。用替代的方法去永久地抑制许多可能有害的倾向，该建议就是这样一个事例。一个能够在各种空闲的时间愉快地演奏小提琴的青年人绝不会感受不到他的伙伴的友谊。此外，当没有东西会妨碍他的幸福的时候，他有一种永不干涸的快乐的源泉，当生活的波动很剧烈时，他同样有一种无穷的能带来安慰的源泉。

第一百八十条

有一些计划源于热情的冲动，并且它们会妨碍秩序、妨碍勤奋学习、干扰时间的分配，必须坚决地制止这些计划。当多个人共同参与这样的计划时，尤其是当卖弄、派性和对抗相混杂时，制止它们就变得更加紧迫了。对抗等情况不应被允许蔓延开来，否则它们会很快地污染那片教育一直在努力准备耕种的土地。

第一百八十一条

在对激情保持疏远的同时，学生在道德方面的基础训练的成功一般取决于训练中教学与学生活动之间的合作。在这方面最重要的教学是宗教教学。可是，素质发展的最直接的根源在于学生所处的社会环境，培养一种健全的精神或素质是训练的职责。因此，让我们一个一个地采纳实际的观念吧。

【评注】 在坚持学校中宗教教学的必要性方面，英国和德国的意见是一致的。英国一半的小学由英国国教掌管，5%的小学由罗马天主教控制，3%的小学由美以美会教徒（Wesleyans）控制，大约42%的小学由各地方公立教育委员会控制。所有这些学校都由政府资助，也全部提供宗教教学（只有很少的例外）。在德国，只有两个强大的宗教组织——罗马天主教教会（多数在南部）和路德教教友（多数在北部）。政府创办所有的学校，同时提供大部分的资金，为的是维持这些学校并在较大程度上控制它们的管理；学校每天早上也有固定的时间专门用于宗教教学。美国的情况不是这样。在这里，显然宗教教学被永久地排除在公立学校之外。在这种状况下，只有一个办法：我们必须更加努力地坚持那些表现宗教内容的东西。也就是说，我们必须教育儿童与他们的伙伴生活在紧密合作的融洽的氛围中。对这种训练的主观方面的描述将在随后的篇幅中进行，接下来将讨论道德见识如何转变为道德习惯。

第一百八十二条

争吵对于儿童来说是很可能发生的，在儿童之间不可能轻易地完全避免，而对于身体所遭受的突然攻击进行自卫，这是不能被禁止的。相反地，应该建议儿童进行一种坚决的自卫，但是自卫应与对攻击者的宽大处理相配合。另一方面，要绝对禁止任意盗用各种物品，即使这些物品是无主的或是被丢弃的无价值的东西。没有人可以认为他自己个人的快乐高于他人。正相反，儿童应该习惯于对其财物的有节制的使用。出于一定的目的而给予儿童的东西应该只被用于那个目的，并且必须得到监督。不管儿童之间的许诺是多么可笑，并且也不可能兑现，这些许诺都不应轻率地被宣布为空头支票。由于一种草率的许诺，一个少年会使自己处于一种令人为难的境地，必须使他意识到这种事实。要让他的窘境成为对于未来的一种告诫。但是，应该尽可能少做一些轻率的许诺，同样也应该尽可能少接受这样的许诺。这就是我们应该开始解开的结（儿童偶然也会使自己纠缠于这些死结当中）。

学生通过他们自己的行动给自己提供一些能够强烈地感受到的关于复杂的正义问题的事例，这并不是不受欢迎的。但一定不能够赞同在争吵中取乐；

学生应该学会防止和避免争斗。他们应对争斗有足够的了解，以便认识到争斗使人生气。

第一百八十三条

在这一方面，有两条路线可供我们思考。首先，争斗使儿童感到高兴，因为它含有力量的意味；一般说来，在寻衅的过程中，儿童仅仅是发泄其过剩的精力。我们必须堵塞这方面的发泄途径，但我们也必须在别处提供另外一个发泄的途径。体操训练也是力量的显示；竞赛是运动和游戏的一个好的特征（竞赛不是争斗）。智力活动同样为胜过别人提供合适的机会；它也为比较提供适当的机会。但是儿童必须清楚地懂得，相对优秀的成绩不应被他们当作提出种种要求的一个根据。如果问题在于成绩的优劣——也就是自我完善（perficete）的程度——那么，学生可以通过他自己的进步和退步获得一种实际上有用的标准。把一个学生作为另一个学生效仿的榜样，这样做会引起妒忌；换一种做法将会更好，即考虑到客观情况，只要求一个能力较弱的学生做他目前能做的事，而不要求他做得更多。

【评注】 在以往所有的时代，成年男子一直是孩子的教师。作为成年男子，他们自然用成人的态度去对待年轻人的行为。当一个孩子无缘无故地受到另一个孩子的攻击时，成年男子支持一种坚强自卫的方式，并把它看作自尊的表现。在他们看来，一次不成功的防御要好于一次怯懦的退却。随着妇女开始成为孩子的教师，顺服的不抵抗的信条受到强调，这是自然的。当妇女只是一个民族的身体上的母亲时，不存在男子气概衰退的危险，但是由于她们现在已经成为智力上的母亲，那就有可能存在这样一种危险。人们普遍承认，英国的男子学校，例如伊顿公学[1]、哈罗公学[2]和拉格比公学[3]，一直是英国独立的男子气

---

[1] 伊顿公学（Eton School），英国最负盛名的公学，1440年创办。——中文译者注
[2] 哈罗公学（Harrow School），英国著名公学之一，1571年创办。——中文译者注
[3] 拉格比公学（Rugby School），英国著名公学之一，1567年创办。——中文译者注

概的最好保护者，因为在那里，每一个男孩子都坚持他自己的优点，必须自己去斗争，为他自己的行为负责，同时要保持男孩子所特有的自尊心，并且在一种高尚的道德标准的指导下生活。在我们自己的公立学校[1]中，这样的集体精神（esprit de corps）是不可能存在的，并且在学校里和平的信条无论如何是要被坚持的，男孩子身上的男子气概可能有一种明显的衰退，这是可能的。这样一种结果将是糟糕的；它将损害公立教育，并且在公众眼中，妇女在教育工作中的价值将会降低。在不允许争吵的同时，教师可以通过口头同意或辩解，去证明个人对于不正常的攻击进行自然的防御是合理的。适合于男子的运动，如踢足球、打篮球和打棒球等，在发展性格中那些与运动的效能紧密相连的方面时，是我们最好的资源。通过这些运动，在适当的指导下，自我控制、能力和功效的意识、勇气以及男子气概的几乎每一种特性都可以恰当地得到发展。需要事先的考虑和监督，这是确实的，否则，性格中的一些讨人嫌的特征就会轻易地占上风。

第一百八十四条

第二条路线把我们从正义的观念带到公平的观念。尽管这句话是真理——某种做法对一个人是公平的，则对另一个人也是公平的，然而争吵还是使人感到不快，而报复甚至更令人生气。通过尝试确定一个人由于他的放肆行为或他的自我克制而在多人程度上应受到别人的惩罚或被别人接受，儿童确实可以锻炼他们的道德敏锐性，但是他们不应冒昧地认为自己具有施加惩罚或给予奖赏的职责。在没有放弃他们自己的见解的情况下，他们必须在这方面服从他们上级的权威。

在分配礼物、食品以及奖状时，应采用类似的做法。为了避免出现偏爱的情况，教师不应违反平等分配的原则（除非具有很好的理由）；但是，另一方面，他也不应该把获取这些丰富礼物的权利给予学生。在允许学生对礼物份

---

[1] 这里指美国的公立学校。——中文译者注

额的适当性拥有看法的同时，教师应正当地拒绝给予学生以下这种权利，即凭借对礼物份额的这种看法而要求得到礼物。

第一百八十五条

在深入了解儿童自己的正义感和公平意识的情况下，不应立即强求他们去讨好别人并表示愿意服从别人。服从毕竟是一种需要，因此它绝不是一个高尚的选择，在儿童认识到这一点之前，他们必须先有时间去结束自己的思考，并且对常常是毫无结果的沉思感到厌烦。在未来的某些时候，可以提醒儿童，如果善意的情绪从一开始就起支配作用，并且善意已对争端进行了仲裁，或者更确切地说，已完全制止了争端，那么他们的道路将更加平坦。

善意无论在哪里都应该被尊为高于权利的东西；而权利必须被描绘成以下这样的东西，即除非权利持有者同意，否则，就不能侵犯别人的权利，如有侵犯，必须受到惩罚。

【评注】对于善意而言，有两个独特的方面——仁慈的与合作的或社会的。著名的耶利哥之路（Jericho Road）的故事阐明了第一个方面。[1] 一位好人挽救了一个在路旁受到攻击的邻居的生命。但是社会的善意比仁慈有更多的含义；它是为实现共同的目的而开展的合作。在农民中间，社会的善意就是相互照顾以防止利益被侵犯（因为难以控制的家畜或坏了的围墙可能会侵害别人的利益）；社会的善意必须包括联合的努力，为的是建设好的学校、好的道路、公共图书馆和教育机构（以促进成功的农业生产），此外，还要建设一些社团（以促进良好的娱乐活动）。在城市里，社会的善意就是合作，为的是铺设和照亮街道、抑制犯罪、提供好的自来水和污水排放系统、防止火灾、建设快速的公共交通系统等，还要有无数的机构来促进人民精神的、道德的和心灵的幸福。在一座城市里，一个人需要成为其他所有人的好邻居，即使他也许在100万人

---

[1] 耶利哥（Jericho）是西亚约旦境内死海以北的古遗址，堆积有极厚的从中石器时代到青铜器时代晚期的文化层，对研究西亚上古史等具有重大意义。——中文译者注

中间就自己而言只认识一个人。

第一百八十六条

最后，在较为年长的儿童中间，特别是在年轻的成人中间，对于内心自由的观念的理解，虽然他们在接近，但仍有较远的距离，一般来说，理解的差异程度是足够显著的，这一点大家都明白。那些以稳定的和理性的行为而著称的优良美德通常被教师详细地讲述得太多，而不是太少；儿童自己在观察彼此的缺点时那么敏锐，他们不会看不到某些人落后于最好的人有多远。因此，我们应该避免在儿童身上去激发贬低他人的倾向，而应把他们的注意力引向那些无论如何他们都会注意的东西。

第一百八十七条

当然，学生身边的成人的坏的行为将不会被教师揭穿；如果这些行为已人所共知，只要利己之心没有引起别人的模仿或寻求原谅，其事例更多的将是引起反感，而不是吸引人。但是，我们也不需要对以下这一点抱太大的希望，即一个值得敬重的榜样会被人学习；青年人不太容易把正直看作一件理所当然的事情。因此，要求学生特别注意好的行为，并且表达出应有的尊敬，这样做并不是多余的。当一个成长中的少年对社会的视野在扩大时，并且当他开始对许多事物做比较时（这些事物的虚假的光环也许会蒙骗他），这样做尤其有用。

【评注】内心自由有许多方面。对于一个目光短浅的人来说，就他的良心而言，生活在完全平静的状态中是可能的。即使一个人在生活中遵守康德所提出的明确的规则（该规则说："你如此行动，通过你自己的意志，以至你的行为准则或行为规则也许成为普遍的法则。"），对于他来说，做一些较高尚的道德准则所禁止的事情，而同时心情又处于平静状态之中，这仍然是可能的。例如，假定我是一个美洲的印第安人，那么问题就出现了，我会拷打我的敌人吗？当然，我的部落的传统对此没有规定吗？这仅仅表明，我们行为的最终目的产生于我们的环境；这些目的就其起源来说是社会的。这一真理表明，无比重要的是，应使教学清楚地揭示宗教和文明的最好目的，因为在城市的贫民窟和在富人区一样，也许存在同样多的内心自由或真正的良心。心情的主观平静也许或多或少具有意义。一个杀人犯也许会和一位传教士一样酣睡，但是，如果一个具有崇高理想的人的行为是卑鄙的，那么他将受到尖锐的抨击。他会感到他高尚的自我受到了伤害；除非悔悟、复归人的本性并改过自新，否则他的心情不会平静。

第一百八十八条

第五，我们假定，部分地通过儿童之间的社交联系，部分地通过榜样和教学，学生的头脑已被适当地导向各种各样的道德观念的要求，并且他因此已学会敏锐地辨别意志之间的关联。从严格的意义上来说，现在进行道德教育的时机来临了。因为我们不能任其自然，看着我们年轻的学生是否能够主动地自己一方面综合地处理高尚的行为、另一方面综合地处理卑鄙的行为，看着他们是否能够从容地进行思考，是否能够各自运用教师所教授的知识。正相反，他们所有的人都必须被告知（每个人必须分别地被告知）一些真理，而没有人会易于高兴地听取这些真理。教师了解他的学生越彻底越好。教师通过向学生表明他在推测学生的思想，向学生提供了最有效的刺激，以鼓励学生进行自我观察。通过回顾学生以往的行为，了解以前对学生起作用的一些影响因素，分析学生的一些好的和坏的品质，人所共知的作为道德教育的基础就有了。这种教学绝不应被认为是不适用的，甚至也不应被看作是多余的。在其适当的地方，道德教育绝对是必不可少的。确实，许多人在成长过程中从未听过一句重话（这种重话本是人们应得的批评），但是没有一个人应该这样成长起来。

第一百八十九条

这里所考虑的仅仅是表扬和批评，而不是严厉的词语，更不用说严肃地处理了。针对个别行为的训斥和惩罚是另一回事；它们也可以引发道德的思考，但首先必须进行训斥和处罚。道德的改善不是由管理上的压制所造成的，也不是教育性惩罚的结果（那些惩罚依靠行为的自然后果去告诫学生并使他的头脑更敏锐）（见第一百五十七条）。但是，如同公正的旁观者所认为的那样，道德的改善可以通过对具有道德心的语言和真正高尚的行为的模仿去完成。此外，这并不排除对宽恕的考虑（每个人在其内心都会很容易地发现宽恕的存在）。但是在适当考虑改善环境的同时，应告诫学生今后不要依赖环境。

第一百九十条

通常来说，青年人既不应受高度的赞扬，也不应受严厉的批评，夸大会降低教育效果，或者至少引起的是一种不适当的窘迫（如果不是引起了胆怯的话），因此，小心地防止夸大在任何一个方面都是可取的。无论如何，有一种夸大对一个好的目的有帮助，它会使学生更清楚地发现小事情的重要性和他们自己行为的重大意义，从而帮助抵制轻率的态度。我们提到，要把现在看作未来。要是养成了习惯，最微小的缺点也容易渐渐变得大起来；除非加以控制，否则最微小的欲望也可以转变为狂热。那么，一个人未来的生活情况也是不确定的；迷惑和诱惑会进入生活，或者还有意外的不幸。当然，这种对未来可能性的预见不是预言，也不应对它做出这样的断定；然而，它作为一种告诫会起到好的作用。

第一百九十一条

当我们已使学生把他们的道德教育看作一件严肃而重要的事情时，与不断增长的关于世界的知识相联系的教学可以造成以下的情况：道德的热情渗入学生的整个思想之中，并且一种道德秩序的观念一方面与学生的宗教概念相结合，另一方面与学生的自我观察相结合。今后，必须较少直接地和断然地表示赞扬或指责。当学生已向自己说明在他身上所发生的事情之后，再由别人更清楚地加以说明就不像先前那样容易了。可是，我们还可以从另一个方面帮助他，也就是说，在一般的概念方面帮助他，在这一方面，发展中的年轻人的思想正在逐渐地找到它的方向。

第一百九十二条

第六,在恰当的时刻使学生想到缺点并改正缺点是训练的职责。我们可以有把握地设想,甚至在一个年轻人已经达到做出道德决定的程度之后,他仍然需要经常得到提示,虽然在这方面,个人之间表现出极大的差别,只有观察才能够揭示这一点。但是,我们要提示学生的东西是那种要求获得某些普遍有效的东西的决心,可是当那种要求被错误地提出或者在不适当的方面被表达出来时,以上这种决心就不可能使那种要求成为合适的要求。充其量只是对于很少的人来说,一般的考虑才会变得突出出来;但是,尤其是当青年人看到和体验过如此多的新东西时,旧的东西就容易受到轻视(因为新东西的缘故),并且相应地,一般的东西更容易受到轻视(因为特殊的东西的缘故)。不过,对于训练而言,如果已经打下了一个良好而坚实的基础,那么成功地提醒和纠正就会更容易了,但如果学生在青春期里没有获得可以使自己试着变得沉着起来的东西,那么激励(见第一百六十一条至第一百六十六条)就要比上述提醒和纠正更困难了。

第一百九十三条

过去的和现在的学校都已分别认可某些原则,将其作为道德标准的基础和公正的秩序,但二者所认可的原则之间有很大的差异,从这种差异中可以明显地看出,如果试图把秩序、确定性和坚固性引入现存的道德概念之中,那么许多相互冲突的或者至少是片面的观点就会产生。这种意见的冲突和片面性,再加上其中很强的动摇性,所有这一切很可能在年轻人的头脑中被复制,尤其是当年轻人使这一切成为他们走自己的路的特征时,以上这种复制就更有可能发生了。学生所获得的原则常常会适应学生的爱好;性格的主观方面会适应客观方面。现在,当改正错误成为教学的职责时,训练必须利用学生表现出的其思想受其爱好控制这一机会。

第一百九十四条

可是，当学生有了信心的时候，训练就必须停止了。不必要的评价和过于忧虑的观察只会损害自然的状态，并且引起一些无关的动机。一旦学生采用了自学的形式，就不应该再去打扰他们了。

第四部分 从年龄的观点概述普通教育学

第一章 最初三年

第一百九十五条

因为婴幼儿在生长的最初几年中生命具有脆弱的特性，所以对其身体的照顾优先于其他一切事情（这一议题不在目前讨论的范围之内）。健康状况的不同意味着用于智育的时间也相应地存在极大差异。尽管用于智育的时间也许很少，然而它却是极其重要的，因为在生命的最初时期里儿童具有极强的感受性和敏感性。

【评注】由这些不多见的关于婴幼儿的评论所提出的研究在最近几年中一直由佩雷斯（Perez）[1]、普莱尔[2,3]、鲍德温[4]和其他人在努力地进行着。这些人的著作试图说明幼儿的心理能力和体力实际上是怎样发展的。这样，我们就可以去纠正成人心理学中许多错误的推论，从而使基础训练更加有成效。

第一百九十六条

当儿童完全醒着并且不患病的时候，我们应充分利用这些时机去呈现某些东西（但不要强加于人），让儿童的感官去感受它们。强烈的印象应该避免。

---

[1] 佩雷斯，《儿童的最初三年》（*The First Three Years of Childhood*）。——评注者注

[2] 普莱尔，《儿童的心理发展》（*Mental Development in the Child*），《智力的发展》（*The Development of the Intellect*），《感觉和意志》（*The Senses and the Will*）。——评注者注

[3] 普莱尔（William Thierry Preyer，1841—1897），德国生理学家和实验心理学家，儿童心理学创始人。普莱尔1882年出版的著作《儿童心理》（*The Mind of the Child*）标志着科学儿童心理学的诞生。——中文译者注

[4] 鲍德温，《儿童和种族的心理发展》（*Mental Development in the Child and the Race*），《社会和伦理的解释》（*Social and Ethical Interpretations*）。——评注者注

同样应该避免呈现剧烈的变化；很微小的变化常常就足以恢复儿童正在降低的注意力。使眼睛和耳朵对外界的印象达到一定程度的完整性，这是值得期望的，这样这些感官就能够对其视觉和听觉范围内的所有事物达到均衡的熟悉。

第一百九十七条

只要是安全的，儿童自发的活动就应该自由地进行，首先他可以在运用四肢方面得到练习，这也是为了通过他自己的尝试，使得他对物体以及物体的可变性的观察得到扩展。

第一百九十八条

对任何人的讨厌的和令人反感的印象都必须最小心地加以防止。不应允许任何人把儿童当作玩具来对待。

第一百九十九条

另一方面，没有人能允许自己受一个儿童的控制，尤其是当这个儿童变得胡搅蛮缠的时候。否则，任性将是不可避免的结果。就病弱的儿童来说，这是几乎不可避免的，因为这些儿童的疾苦需要他人的关注。

第二百条

一个儿童必须始终感觉到成人的优势，并且经常感觉到他自己的无能。必要的服从就建立在这种感觉之上。如果对待儿童的态度一致，那么，经常在儿童身边的人将比其他很少出现在儿童面前的人更容易获得儿童的服从。当儿童的激情爆发时，必须给予时间让其平静下来，只有在情况紧急时才需要采取特别的处理方式。

第二百零一条

也许教育者偶尔会采用使儿童产生畏惧的暴力，以便使一种威胁变得有效，并且对儿童精力过剩的行为加以控制。这是因为，如果管理应该避免以后因采取严格的纪律措施而必然产生的极端有害的结果，那么在童年最初的时候就要把管理严格地固定下来。

第二百零二条

从一开始，对儿童的语言就要一丝不苟地予以关注，以防止他形成不正确的和随随便便的说话习惯，否则在以后的时期，通常需要费更大的力气、花更多的时间去根除这些习惯。但是，那些超越儿童理解能力的书面表达形式应该完全加以避免。

第二章 四岁至八岁

第二百零三条

真正的分界线不是由年龄来确定的,而是由发展阶段来确定的,主要看儿童不能自理的第一个阶段是否已过渡到下一个阶段,即已能够控制四肢和使用语言。儿童现在已能够使自己摆脱短暂的很不舒适的状态,仅仅这一点就意味着他们获得了更多的安宁和快乐。

第二百零四条

当儿童已学会自理的时候,外界的帮助就必须撤除。同时,管理必须增强严格性(对许多儿童来说还必须增强它的严肃性),直到那种任性的最后痕迹消失为止,前一个时期通常不能完全避免这种任性。但是这种做法的先决条件是:没有人去不必要地引起儿童进行任何一种抵抗。有关儿童的事情所规定的秩序越严格,他就越愿意服从这种秩序。

第二百零五条

只要情况允许,就应该给予儿童充分的自由,这么做一是为了使儿童能够直率地自我表现,二是为研究儿童的个性获得资料。在这一年龄阶段的主要事情仍旧是防止坏习惯的养成,尤其是那些与讨厌的性格倾向相联系的习惯。

第二百零六条

这里有两种道德观念直接与我们有关,可是它们各自采用其自己的方式来影响我们。它们就是善意和完美的观念。儿童几乎自己就能想到完美的观念的某些特定方面。而善意的观念不会经常自发地产生,它必须加以灌输,但这种灌输不能总是直接进行。

第二百零七条

恶意始终是一种不好的征兆（许多儿童经常表现出这种恶意），它需要被很认真地对待。性格一旦在这方面变坏了，就不能再从根本上变好。并且这种堕落有时开始得很早。在这方面所采取的措施由以下的考虑来决定。

第二百零八条

首先，不应让较为幼小的儿童常常独自待着。他们的生活应是一种合群的生活，并且他们的社会圈子要服从严格的秩序。一旦这种要求被满足，所有恶意的表现就会与有关的规则不一致；只要恶意的表现一出现，表现出恶意的儿童就会发现自己与事物的现状相抵触。如此，儿童越习惯于分担共同意志、习惯于在这种环境中活动，并且感到快乐，就越不能忍受孤独感。因此，若要惩罚一个表现出了恶意的儿童，就可以让他独自待着。

第二百零九条

但是，这种惩罚是以较幼小的儿童尚未降低的敏感性为前提的，他在独自待着的时候，就会开始哭，并且感到十分无助和脆弱，但是另一方面，当他被重新接纳进入社交圈子以后，他又会变得高兴起来。如果这一阶段被忽略了，如果坏心眼的儿童在一个圈子中已经引起了别人的反感（而在这个圈子中他原本是应该感到快乐的），那么一种恶意会引起另一种恶意，我们能做的就只有坚持严格公正的赏罚了。

第二百一十条

当然，仅仅是排除恶意的合群精神还远不是一种善意；孩子甚至容易把普通类型的儿童书籍中对善意的描述性的说明看成轻易捏造的无稽之谈。因此，要设法确保的第一件事情就是对善意的信念。我们在这里尤其要注意这样的儿童——他由于习惯的作用已经不再重视仁慈的行为（而原本在对他的教育过程中会经常给他灌输仁慈的思想）。我们可以取消对他的某种关照（对这种关照他已习以为常了）；而这种关照的恢复会使他将其评价为一种自愿的行为，并对此心生敬意。相反，如果儿童把人们为他们所做的事情看作他们的权利，或者看作某种机械的反应，那么他们的这种错误观念就会成为许多恶行的重要根源。

第二百一十一条

如果我们不愿儿童的心变得冷淡，不愿其善意的萌芽夭折，我们就必须把友好和仁慈结合起来，而仁慈又必须在一定程度上伴有必要的严格。在我们目前所谈论的年龄阶段中，儿童的心情还直接取决于他所受到的对待。持续不友好的方式会使他们呆滞和冷淡。把善意的观念提高到适当突出的位置，真正地激发善意的感情，这一双重任务在童年时期还不能这样早地完成。但是，如果把同情心与对善意的信念结合起来，就会收获很多东西，而以上这种同情心是受到友善和快乐的支持的，儿童依赖善意，就好像它们是较为高尚的东西。这样，接受宗教文化及其进一步的影响的土壤就已准备好了。

第二百一十二条

完美的观念在其一般的方面的确和善意一样，对于儿童的头脑来说都是遥远的；然而，这一观念所包含的内容的基本原理却能够很自然地成功地被传递。当儿童茁壮成长时，他的力量和技能也增强了，并且他以他自己的进步为乐。但是，儿童的成长在种类和程度上有无数的差异，需要我们进行观察，尤其是考虑到以下这样一个目的，即要把教学和成长的阶段联结起来。因为正是在这一时期，综合教学和分析教学开始了，尽管这种教学到目前为止尚未正规地构成儿童的主要活动。

第二百一十三条

当儿童自由活动的范围扩大时，当他通过自己的尝试获得了越来越多的经验时，较早时候的幻想就逐渐被经验的知识超越，尽管不同的个体会表现出极大的差异；教师经常会发现，通过有意识的示范教育增加儿童的活动范围和经验是很有必要的。从运用新经验的冲动出发，儿童会向教师提出许多问题，这时儿童基于一种心照不宣的假设，认为教师是无所不知的。这些问题是当时情绪流露的结果，它们的提出是无目的的，这些问题如果当时当地未得到回答，其中的多数问题将不会再被重新提出。这些问题中有许多仅仅涉及一些言语，只要别人对问题中的事物说出某种合适的名称，该问题就不再存在了。其他有些问题涉及一些事件的关系，尤其是涉及构成人的行为基础的那些动机（不管是虚构的人，还是真正的人，两者都是一样的）。现在，虽然许多问题不能回答（同时其他有些问题则不必回答），但一般而言，提问题的倾向作为天生的兴趣的一种标志应该受到不断的鼓励，以后，教师常常会很伤脑筋地发觉儿童兴趣的缺失了，并且在教师这方面采用任何技巧也不能再激发起儿童的兴趣了。这里提供了一个机会，在许多方面为未来的教学打下了基础。不过在回答问题时，教师必须避免因为不适当的详细而显得啰唆；他应该做的就是在孩子所特有的想象力的发展过程中去平稳地引导他们。这种做法通常不适宜进行试验，在引导儿童的过程中常常会出现麻烦事，而且这些麻烦事是变幻莫测的。

第二百一十四条

有的分析教学被纳入对儿童的问题的回答过程，只要这种教学还没有固定的课时，分析教学就应该与对儿童的注意力的指导相结合，与他的社会交往相结合，与他的活动以及随之发生的习惯的培养相结合，与锻炼、道德判断以及最初的宗教印象相结合，也应与阅读练习有机地结合起来。

第二百一十五条

最初步的综合教学、阅读、书写、计数、学习最简单的排列组合方式和进行最初的观察练习，均属于这一年龄阶段的后期所要做的事。如果儿童到目前为止还不能在一个小时内始终保持注意，教师就应把时间分成若干较短的部分。注意的程度比注意的持续时间更重要。

要注意，此前所列举的课程属于不同的类别。计算、排列组合和观察属于心理自然发展的不同阶段。教学并未创造这些活动；教学的职责仅仅是促进这些活动。因此，在开始的时候，我们的教学方式必须尽可能采用分析的方法。另一方面，阅读和书写的教学只能综合地进行（尽管要在语音分析之后进行）。

（1）排列组合——通常是被忽视的（尽管那样做是错的）——本身是一种非常容易的练习，并且可以促进其他许多任务的完成。三个物体可以从右到左变换位置（还可以从前到后、从上到下），并且可以反过来（即从左到右、从后到前和从下到上）——这是一个开始。下一步应该这样示范教学：三个物体在一条直线上容许有六种排列。特定数目的一堆物体可以组成多少对（双），找到这个答案，这是最容易回答的问题之一。教学进展到什么程度应视情况而定。不过，不应该用字母，而应该用物体——或者用儿童自己——去进行位置的交换、排列和改变。像这样的一门科目的教学必须有几分游戏的样子。

（2）最初的观察练习从直线开始（直线可以垂直地画或者斜着画）。也可以利用手工编织用的针或针织机上用的针，采用不同的方式来插这些针（并排地插或者相互交叉地插），还可以利用多米诺骨牌和类似的物品。下一步学习圆，可以用多种多样的方式对圆进行剖分并加以呈现。

（3）对于算术而言，同样需要有形的物体[1]（例如钱币），它们被用来点数，并进行不同的组合，以此说明和、差与积。开始的时候，所使用的最大数字不应超过12或20。

（4）对于阅读教学而言，我们可以利用印在卡片上的字母和数字，它们可以排列成不同的组合。如果儿童在学习阅读方面进展缓慢，我们也不应错误地忽视对他们其他方面的智力培养，而把阅读当成智力培养的必要的先决条件。阅读常常需要很大的耐心，不要让儿童对教师和书本产生反感。

---

[1] 这里指直观教具。——中文译者注

（5）简单的绘画预示着书写的开始，而绘画必须和观察练习一起进行。而书写本身一旦有了一个很好的开端，就能促进阅读。

第二百一十六条

但是在这方面有许多儿童跟不上。起先，由于要求他们进行单调且辛苦的学习，所以他们被难住了，以后就会产生无能的感觉。在规模较大的学校里，始终会有一些学生在学习方面超过其余的学生，而多数学生一直试图跟上领先的同学，这样就比较容易出成绩，尽管这种成绩的取得是通过模仿，而非一种内在思考的结果。可是即使在这里，我们也能发现一些完全失去信心的落后的学生。

第三章 少年时期

第二百一十七条

只要情况完全可能,少年时代和早期的幼年时代之间的分界线应是以下面这种情况来确定的,即如果允许这样做,少年会离开成人的陪伴。在这以前,当儿童独自待着时,他感到不安全,而现在他认为自己已经相当了解他周围的环境,在这一环境之外,各种景色正展现出来。相应地,在这一阶段,成人义不容辞的责任就是要关心少年,要约束他,要给他分配时间,并且要约束那种源于他的自信心的设想——由于到目前为止少年还不习惯于羞怯(而青年人则是带着这种羞怯进入成人的社会阶层的),所以成人的这种责任就变得更加必要。少年时代和青春期的划分在于:少年的目标还未确定,他在游戏,并且还未考虑明天的事。此外,他对于成年期的梦想具有一种专横的力量。除非受到习俗的控制,否则,游戏的冲动在很长一段时间里都将保持活跃的状态。

在这一时期,教学和感觉印象的联系绝不能被完全忽略,甚至在学业成绩已取得了相当程度的进步时也不能忽略。我们必须确保学生已打下了一个坚实的基础。

第二百一十八条

在少年时期,我们主要关心的事必须是防止思想范围的过早固定。正是教学来承担这一任务。不管形式如何多种多样,学习过程的绝大部分确实是通过对词语的解释来进行的,学生从以前所积累的思想观念出发去理解这些词语的含义。但这一事实显然是说:就大部分而言,学生的观念的储存已经完成了;教学只是把这些观念逐步引入到一些新的形式中。相应地,这种工作必须是在原始材料还未完全成形的时候就进行;因为随着时间的流逝,这些材料就会逐渐呈现出一种更加固定的性质了。

第二百一十九条

少男不同于少女，这个人不同于另一个人；所教的科目及其教学方法也应该相应地有所区别。但是在这里，家庭提出了社会阶层或地位的利益，并且要求依据这些来决定一个孩子需要接受多少教育。

从教学法方面来看，每一次学习都需要一种相应的心理活动，而且这种活动要适应个人的总体情况。学习的成功不应耗尽学生的精力，也不应不合时宜地对学生的能力提出要求。

但是以下的说法是一个错误，即认为一个人学习了一门科目，就应该把这门科目和第二门科目结合起来，然后第二门又和第三门结合起来，第三门又和第四门结合起来，其理由是：第一门、第二门、第三门和第四门科目在实质上是相互联系的。这一结论适用于一些学者，就他们个人而言，他们早已超越了基础教育学所研究的范围，并且即使对于他们来说，以上结论也仅仅适用于那些分支学科，它们与这些学者的专业密切相联；以上结论并未考虑心理学的因素，而教育的过程必定受到心理学的影响。尽管与观念群相对应的东西是十分密切地且必然地相互联系的，但是观念群经常是孤立地存在的；而且，这种孤立不能仅仅通过一些初始性工作来加以防止（这种工作是指对广泛的学习内容的编制）。

如果某种学习是获得一类或另一类详尽的知识的必要准备，那么情况就不同了。这时我们可以正确地得出以下结论：一个人如果不能掌握前面所学过的东西，那么就不能掌握后面将要学习的东西。[1]

第二百二十条

要应付发展缓慢的极个别学生是困难的，除非我们能够发现：这些学生的发展滞后是由于健康受到忽视，或者是在经验范围的扩大方面缺少帮助，又

---

[1] 考虑到德国赫尔巴特学派后来的发展，这些对相互关系的评论是有启发性的。读者可以参看全国赫尔巴特协会第一部和第二部年鉴中的讨论。——评注者注

未能改变教学方式所致。这时可以做一种尝试,提供他们所需要的东西。但是,即使有时进步的速度较快,也只有当儿童表现出一种明确和强有力的要求进步的努力之时,教师的努力才能获得成功。

第二百二十一条

回到基本的道德原则方面,在这方面需要特别提到正义和公平的观念。这些观念是出于对各种人际关系的考虑;年幼的儿童不太能理解这些关系,因为他们处处都要服从家长的安排。另一方面,少年则更多地生活在他们的同伴中,对他们行为的必要纠正不应总是过于迅速,以致没有留出时间让他们去做出独立的判断。少年之间自愿结伴,个人权威发挥作用,这些都是常常发生的,甚至权力的争夺也并不罕见。此时,教育必须提供清晰的道德概念,并且对他们进行管理和训练。但不仅仅是这些,教育也必须提供某种类型的教学,而这种教学为了公正思考的目的,将表现出与管理和训练相似的但又是间接的一些关系。这样的教学必须从诗歌和历史中去采集它的原料。

第二百二十二条

还有另一种考虑使我们去求助于历史。正如已经讲述的那样(见第二百零六条至第二百一十一条),善意的观念表明了宗教文化的必要性;这需要历史的支持,而且是古代史。这里所需要的学生的思考能力必须在教学的每一个教程中(包括在乡村学校的教学中)都普遍地得到发展(即使这种发展很不完善)。

第二百二十三条

另一个确定的目标——其重要性甚至超过阅读和书写的重要性——通过算术去实现,它有助于学生清楚地理解经验的一般概念,并且在生活的实际事务中是必不可少的。

第二百二十四条

没有一个学生有希望靠自己去想出十进位的算术；他必定也不会虚构《圣经》的历史。相应地，这两者都必须首先被视为属于综合教学的范围，而这种教学总是会涉及一个难题，即作为一个有影响的因素，如何才能确保它进入现存的观念群。关于这一点，如果下结论说，因为《圣经》的历史和整个历史紧紧结合在一起、算术和整个数学紧紧结合在一起，所以它们之间也有一种相应的教学法的关联，那就是一个大错误（见第二百一十九条）。但是以下这一点是确定的：一批观念的效能随着它们的扩展和越来越多的联合而增长了。因此，如果情况和能力允许，给予历史和数学的教学一个宽广的范围（即使条件还达不到去实行一种多方面的教育），那么对于《圣经》的历史和算术的教学来说，这将是有益的。

第二百二十五条

在选择教学材料的过程中，紧接着应考虑的科目是诗歌和博物学，要很小心，不要无视必要的顺序。用于寓言和故事的时间不应被缩短；重要的是确定少年并未过早地失去对寓言和故事的兴趣。有关动物学的最容易和最可靠的知识将与小孩子的图画书一起呈现给儿童。当少年在采集植物标本时，介绍植物学基础知识的恰当时机就已来临了。如果在许多情况下，特定的环境并未给予外语一种特殊的重要性，那么，外语就可以放在最后来学习。无论如何，古典语言在一定程度上已成为学习神学、法学和医学的基础，它们对于所有高等的学识都是必要的，以至它们在学术性预备学校（preparatory school）中将始终构成教学的基础性分支学科。

可是，显而易见，教学的范围更多地取决于外部的条件，包括学生的能力水平和教学的方法，因此我们无法针对所有情况下的教学材料做出一种明确的规定。多方面兴趣的发展远非取决于与它有关的学习的分支学科。如果对后者的限制是狭窄的，那么，尽可能地接近多方面的教育就仍然是教学的职责；而在非常有利的情况下，教育的辅助手段非常充足，此时教师就要注意，不要忽略了教学的真正目标。

第二百二十六条

必要且有用的学习负担经常被搞得过重，教学的专业人员自己总是对这一事实视而不见，但它还是吸引了局外人的注意。课时不多的体育课不能抵消这种有害的结果。作为一种弥补，我们最好防止儿童养成游手好闲的恶习。从各种角度来看，即使仅仅是因为这一问题需要特殊的关注并且相应的方法必须依据观察的结果来决定，家庭也必须尽自己的一份力量去减轻那种天然的压力（甚至好的教学也会施加这种压力），同时学校也不应占用过多的时间（这些时间有必要留给家庭用于别的事情）。诚然，在一些极端的情况下，可以明确地要求，学校占用儿童的全部时间，但是一般来说正相反，如果可能，校外的功课应占用最少的时间（而非最多的时间）。剩余的时间怎样支配？这由家长和监护人根据儿童个人的需要来决定（这种需要是通过观察去弄清楚的）；对相关结果承担责任的人正是家长和监护人。

第四章　青年时期

第二百二十七条

在这一时期，教学是应该结束，还是应该继续下去，教学所能够做的一切现在均取决于以下条件：年轻人自己把他的成就的保持和扩大看成有价值的事情。相应地，知识的相互联系，还有知识和行动的联系，这两者必须以最大可能的清晰度置于他的理智面前。假如问题仅仅是如何克服懒惰和轻率，那就必须用最强有力的鼓励去刺激他达到那已决定了的目标。正是在这一阶段，教师需要担心和防止那些错误的动机，这些动机只能导向一种虚假的才能。

第二百二十八条

此外，那些被允许给予儿童和少年的东西不能再给予青年。青年的全部能力应该经受考验，他在人类社会中的地位应根据考验的结果来决定。他必须经历在成人中间获得一种稳固地位的某种困难。他所获得的似乎过高的地位会引起争议；他被竞争者包围，同时又受到一些期望的鼓舞，这些期望常常是难以节制的，但这种节制又是最为必要的。

第二百二十九条

如果现在年轻人信赖有利的环境，并且不顾所有的要求，一味地去追求舒适和乐趣，那么教育就到了尽头。教育只能以一些格言和陈述告一段落，而未来的经验也许会使这些学生回想起这种教育。

第二百三十条

如果在另一方面，青年把他的眼光固定在一个明确的目标上，那么他所努力追求的生活方式和激励他前进的那些动机将决定别人还可以为他做些什么。人们自己所形成的荣誉观有的外向，有的内向，因而它们或多或少处在一些行动计划和准则的中间。

第二百三十一条

青年不再是顺从的，除非在他遭遇失败并为自己感到羞愧的时候，他才会接受别人的意见。这种情况必须被用来弥补一些不足之处。但是总的来看，教育者有责任指出：对青年仍然应直截了当地提出严格的道德要求。此时几乎已不再能期待青年完全说实话了，坚持这种要求已完全不可能了。青年时期的沉默寡言标志着自我控制的自然起点。

【评注】这些简短的段落论述了一个人从幼年、童年、少年到青年的发展，它们表明了一种早期的兴趣，也就是现在人们所了解的儿童研究，这方面的文献已大量涌现。如要查阅关于儿童的实验研究方面的论文和该学科的文献目录，读者可以查阅美国联邦教育局（the United States Bureau of Education）的阿瑟·麦克唐纳（Arthur McDonald）所写的一本专著《儿童的实验研究》（*Experimental Study of Children*）。一份篇幅较小但更为实用的文献目录已由威尔逊（L. N. Wilson）编纂完成，刊载在1899年9月的《教学法研究》（*Pedagogical Seminary*）上。

第三编

教育学的特殊运用

第一部分　关于学习特定分支学科的教学的评论

第一章　宗教

第二百三十二条

宗教教学的内容应由神学研究者来决定，而哲学可以证明：没有别的知识能够超越宗教信仰的可靠性。但是，宗教教学的开始和结束均需要出自教育学观点的规划。

在基督教的坚信礼（confirmation）的仪式中以及在随后被允许参加圣餐礼（Holy Communion）的过程中，虽说宗教教学尚未结束，但它已达到了顶点。前者（坚信礼）是一种特殊的基督教教派的特征；而正相反，后者（圣餐礼）则是所有基督教徒的兄弟关系的特征。此时，第一次参加圣餐礼所留下的深厚情感应该意味着产生了那种要脱离其他教派的感情，尤其是因为，仅仅被允许参加圣餐礼就已经是以对热切的道德追求的一般要求为条件的。因此可以假定：假如其他教派的成员也参加了圣餐，那么他们就已满足了同样的条件。预备性教学必须朝着这个目的去努力，因为对许多人来说，作为基督教徒要去热爱那些与他们自己在事关信仰的一些重要问题上存在差异的人，那属于更为困难的义务。此外，这种教学必定不得不清楚地阐明基本的教派之间的差异，这一事实就进一步强调了反复灌输基督教的博爱的美德的必要性。

第二百三十三条

在学术性学校中，如果希腊语的课开始得足够早，可以通过柏拉图[1]有

---

[1] 柏拉图（Plato，公元前428或427—公元前348或347），古希腊哲学家，与苏格拉底和亚里士多德共同奠定了西方文化的哲学基础。——中文译者注

关苏格拉底[1]之死的对话，特别是通过《批评》(*Crito*)和《辩护》(*Apology*)这两篇，来加深学生对基督教教学的印象。在关于基督教因契（Christian fellowship）的教学使学生感到其全部强有力的影响之前，必须首先使他们对基督教的学说产生较深刻的印象，而不是较微弱的印象。

第二百三十四条

回过头去想想，我们发现，宗教教学的一部分内容（它们涉及教派之间的特点）是以那些涉及所有基督教徒的信条为先决条件的，并且我们还发现，这些为所有基督教徒所共有的信条又是以《圣经》（包括《旧约全书》）里的故事为先导的。但是这里产生了一个问题："我们就不必再去追溯某些更为基本的东西了吗？"

第二百三十五条

如果仅仅将宗教作为历史的和过去的某种东西的永久性存在来对待，那么宗教是不可能被充分地加以描述的。教师也必定需要利用当前的证据，而这些证据是通过自然界中达成目的的手段的调整去提供的。但是即使这样做，也并非第一步，某些自然界的知识是教师开展宗教教学的必要条件，而教学将引发学生关于智慧和力量的观念。

第二百三十六条

真正的家庭感情是容易直接地被提升到上帝的观念、父亲和母亲的观念这种层面的。只有在缺乏这种感情的地方，才有必要使教堂和星期日做礼拜的仪式成为培养谦虚和感恩之情的出发点。一种无处不在的爱、远见和细致的关

---

[1] 苏格拉底（Socrates，公元前470或469—公元前399），古希腊哲学家，西方哲学奠基人。苏格拉底并无著述流传，他的思想记载于他的学生柏拉图和色诺芬（Xenophon）的作品中。——中文译者注

怀构成了关于上帝的最初的概念——这一概念受到儿童的思想水平的局限，只能逐渐地扩展和提升。

第二百三十七条

可是，在理解古代神话般的思想之前，提升宗教概念的内涵的过程以及从这些概念中去除一些无用的成分的过程就必须已经开始了，一些真正的概念必须已经被深深地牢记于心；在这种情况下，通过明显是传说中的和原始的东西与有价值的和崇高的东西之间的对照，对古代思想的了解将产生正面的影响。如果安排得当，这一科目的教学就不会出现困难。

第二百三十八条

但是也存在其他的困难——这些困难源自个体的独特性。某些人会因为过多地谈论罪恶而受到伤害，因为他们或者由此而开始知道了罪恶的事情，或者因此而内心充满恐惧，而与此同时，对于其他一些人，人们只能用最强烈的话语去触动他们；还有一些人，他们自己进行说教，以反对世界上的罪恶，同时以自豪的心情面对世界。另外还有那样一些人，他们思考着一些道德问题。还有些人则没有听说过斯宾诺莎，他们争辩说：上帝允许发生的事就意味着上帝已赞成了这种事，把权利视为法律的实际证明。有些人蔑视纯粹的道德，他们认为：祈祷者将会使这些人的罪恶行径变得圣神不可侵犯。这种堕落的蛛丝马迹甚至在儿童身上就已存在了，尤其是如果他们会流利地复述牧师的布道，或者更糟糕的是，他们大声地祈祷，而这些举动碰巧又受到了赞扬。

因此，有必要观察宗教教学对每个人的影响。这也是家庭训练的另一项任务。

第二章 历史

第二百三十九条

年轻的历史教师最易于犯的错误，就是他们在授课中讲得越来越啰唆（这并非有意的）。这不是兴趣的深化，而是事件的网状结构时而把他们引向一个方向，时而又把他们引向另一个方向。这表明了备课的情况，但是单有思想准备是不够的，让学生预习也是必要的。

【评注】就像其他科目的年轻教师一样，年轻的历史课教师也容易出错。在一种特定的学习中，通常的错误会是什么？这很可能取决于一些常规的方法。在德国，对于教师本人来说，他通常应该成为历史学家，通过他的头脑，将所有的历史知识通过一定的路径传给儿童。但是，正像好的历史书作者往往很少一样，好的历史课教师也很可能较少，因为就重要性而言，他们既是教师又是口述史专家。就讲述来说，该怎样利用教科书？就像在美国一样，这是出现在教师面前的一个不同的难题。对于课文来说，教师可以做些什么？所有的学生是否都已阅读了课文？也许最普通的方法就是要求学生在上课时一个一个地复述课文。但这是一个呆板的过程，因为当第20个学生在背诵课文时，同时要强迫另外19个学生被动地坐着，而这19个学生原本已经能够同样很好地背诵课文了。因此，如果说德国的历史课教师常常容易犯的错误是啰唆，那么美国教师的错误就是令人厌烦。德国人的方法是原始人的方法，在那里，部落的传说由父亲口口相传给儿子；美国人呈现历史的方法是近代的方法，在这里，所有学术成就的资源和印刷机的有利条件都被利用起来了。每种方法都有特殊的优点，前者可能具有第一手资料的记叙体的魅力，后者则具有准确性和全面性的魅力。对于那些阅读能力还未很好地得到发展的儿童来说，叙述的方法大大地优于使用教科书的方法；对于年龄较大的、能够进行大量阅读的学生来说，他们会非常喜欢教科书（连同教科书的一些可用的附属品）。以下部分生动地描述了最好的叙述方法；所做的评论将试图表明，印刷的文字材料是如何可以变得同样具有吸引力，同时变得更有用。

第二百四十条

如果在开始时应该把一种纯粹按照年月顺序编排的（但又是准确的）概要的历史观传授给学生，那么教师必须能够在思想上全面思考整个历史领域，能够同样敏捷地回顾、预判或者进行交叉比较（同步进行）。对于著名人物必须形成明确的群体和系列；教师必须能够熟练地使最著名的人物从群体中清晰地突出出来，并且把一个长系列中最显著的一些要点压缩成一个短的系列。

【评注】如果对学科的这种掌握对于叙述者来说是重要的，那么它对于教师来说同样是重要的（教师要依赖印刷品来进行解说）。对当前历史课教学的观察揭示了以下这一事实：教师很少能够对他所拥有的材料精通到这样一种程度，以至他能够把这种材料用一些新的形式表现出来。当这些材料在书本中时，教师很可能理解它们；但是，要改动事实、扩充组成部分，或者把大量的东西简化成要点、进行新的归类，又或者把一个长的系列改成一个短的系列，那通常就超出了他的能力。美国教师必须通过更好地掌握他们的材料去学会这一课。

第二百四十一条

教师必须使自己精通那些与社会各阶层有关的一般概念——法规、制度、宗教习惯、文化发展阶段，以及用来解释一些事件的一般概念。但是不仅如此，他还必须研究如何阐述以上这些概念，并且使这些概念能被学生记住。这就把最为普遍化的东西排除在历史课最初的教学之外。而且相应地，在向较年轻的学生介绍历史资料的过程中，古代历史占有较重要的地位（古代历史的发展原因比那些较为近代的政治因素要简单一些）。

【评注】就其形象的多样化和丰富性而言，美国历史要优于古代历史。此外，对于儿童来说，美国历史也更容易理解，因为我们现在的状况直接由我们最早的状态发展而成。不仅法规、制度和宗教习惯应该学习，历史早期的经济状况也特别值得学习，因为它们既重要又有趣。耕作的方法，处理家务的方法，诸如做饭菜、生火、做衣服、维持住处的安全等，陆地和水上的交通手段，交流的方法，以及其他许多类似的话题，都是年轻人感兴趣的东西。

第二百四十二条

此外，必须适当地关注讲清楚一个复杂事件的困难。首要的条件是思路的连续性，为的是故事的头绪可以保持完整（除非在有的地方故意要停顿）。而这以说话的流利为先决条件，这种能力的精心培养对于很好地描述历史事件是必不可少的。但是仅仅说话流利还不够。还必须要有间歇，否则交替出现的吸收和反思就没有保证；并且，如果没有这样的停顿，甚至连续性也无法形成，因为前面的内容会抑制后面的内容。因此，一节历史课从什么内容开始，在什么地方结束，在哪里插入复习的环节，这些并不是不重要的。

当讲述者连续地叙述时，在他的头脑中，这一事件呈现出一种很不相同的形式，而他的工作就是要把该事件传达给他的听众。一个事件的形式不像一个平面的东西，正相反，一种多方面的兴趣会把某些东西突出出来，并且让其他东西在视野中消失。于是有必要做出辨别：在一种特定的情况下，在多大程度上讲述应该直线叙述，按照事件的发展次序去进行，而在另一方面，何时讲述应该偏离原来的主线，以便把附加的细节包含进去。所使用的语言必须能够引起暗示和回顾，而在同时并不偏离主线。讲述者必须具有技巧，在这里采用描述的方法，在那里展示图片，但是在感动他的听众的同时，他必须能够保持对自己的控制，并且举止得当。

第二百四十三条

还有一个头等重要的要求，那就是，表达应做到最大可能的简明。较近的历史学家们所使用的扼要并且抽象的语言甚至对于中学最高年级的学生来说也几乎是不适合的；多愁善感的或诙谐的描述（比如近代小说家们的写作方式）则必须完全予以避免。唯一可靠的榜样是古典著作。

教师可以将希罗多德[1]的故事作为基础练习。事实上，教师应该记住它的准确且流利的译文。它对儿童的影响是令人吃惊的。在稍后的一个阶段，教师可以使用阿利安[2]和李维[3]的著作。这些古人的方法是让故事中的主人公讲出作者的观点，并且通过主人公的嘴阐明作者的动机（叙述者避免在著作中讲出他自己的想法），这种方法应该审慎地被加以模仿，并且应该只有在明显地出现矫揉造作的修辞手段时才停止使用。

【评注】就教科书的编写方法来说，最严重的缺点是由于压缩而产生的贫乏。单凭一本书去教授历史（即使这本书是最好的书之一），会导致对历史的兴趣的衰退。正是由于这个原因，成功的教师向学生介绍大量的附属（课外）读物，它们不是类似的压缩本（那就好像是用更为干燥的天气去消除长期的干旱），而是从同一主题的丰富的书籍中精选而成的节选本。关于美国的历史，学生被指导去阅读一些权威著作的节选本，例如菲斯克[4]、帕克曼[5]、麦克马斯特[6]、特纳[7]和泰勒（Tyler），或者更早一些的历史学家们的著作。关于英国的历史，学生被直接要求去阅读诸如伽德纳[8]、格林[9]、弗里曼[10]、特雷尔（Traill）、

---

[1] 希罗多德（Herodotus，公元前484?—公元前425），古希腊历史学家，被称为"历史之父"，著有九卷本《历史》（*The Histories*），这是第一部记叙体的史书。——中文译者注
[2] 阿利安（Arrian，约95—175），古希腊历史学家和地理学家，代表作为《亚历山大远征记》。——中文译者注
[3] 李维（Livy，公元前59—公元17），古罗马历史学家，代表作为《罗马史》。——中文译者注
[4] 菲斯克（John Fiske，1842—1901），美国哲学家、历史学家。——中文译者注
[5] 帕克曼（Francis Parkman，1823—1893），美国历史学家。——中文译者注
[6] 麦克马斯特（John Bach McMaster，1852—1932），美国历史学家。——中文译者注
[7] 特纳（Frederick Jackson Turner，1861—1932），美国历史学家。——中文译者注
[8] 伽德纳（Samuel Rawson Gardiner，1829—1902），英国历史学家。——中文译者注
[9] 格林（John Richard Green，1837—1883），英国历史学家。——中文译者注
[10] 弗里曼（Edward Augustus Freeman，1823—1892），英国历史学家。——中文译者注

兰塞姆（Ransome）、卡宁厄姆[1]和麦克阿瑟（McArthur）、哈里森[2]、麦考莱[3]等人的著作。大量阅读的方法也有其不利之处，最明显的不利是阅读的内容较松散。对于学生来说，他们很容易专注于大量的细节，以至失去了适当的均衡的感觉，或者忽略了事件的相对重要性，又或者不能把一系列的因果关系牢牢记住（这些因果关系把所有的东西结合在一起）。就以上所描述的任何一种方法来说，正是教师才应该对顺序和细节的清晰性负责。一方面，教师的叙述必须具有一流历史学家的艺术性和很强的统一性；另一方面，他必须运用大量特定的材料，使得各种重要的因果关系有机地结合在一起。就能力而言，做成前一件事比做成后一件事具有一种更不常见的程序，因为教学的艺术不像基于史实的写作艺术那样难。近代的历史教学会碰到具体的困难，而对这种困难的克服将在第二百四十七条里进行讨论。

第二百四十四条

以上（见第二百四十条至第二百四十三条）所概括的准备的课程和一种彻底的、实用的历史研究结合在一起，那么在运用已获得的本领的过程中，就有必要根据环境和各种情况下的具体目标，进一步学会扩展和缩减。关于这一点，考虑到可能的情况千变万化，所以无法给出普遍适用的规则，但是，对于以下的建议应该予以注意。

一般来说，一切有助于直观地感受历史现象的手段（肖像、建筑物的图片和废墟的图片等）都是合乎需要的；反映古代境况的地图尤其是必不可少的。以上这些图片应该始终放在手边，对它们的研究不应被忽视。在这些辅助手段中，还必须包括一些图表（chart），就像斯特拉斯（Strass）称之为"时间的流动"（The Stream of Time）的那种图表，这种图表不仅把同时发生的事件放

---

[1] 卡宁厄姆（Alexander Cunningham，1814—1893），英国考古学家，代表作有《古代印度地理》《巴尔胡特塔》《佛教史》等。——中文译者注

[2] 哈里森（Frederic Harrison，1831—1923），英国历史学家、法理学家。——中文译者注

[3] 麦考莱（Thomas Babington Macaulay，1800—1859），英国历史学家。——中文译者注

在人们的眼前，还显示出各国分分合合交替变化的情况。如果缺乏这种辅助手段，就会浪费许多时间，并且使学生因陷入单纯的记忆学习而烦恼不已。

此外，应该注意历史教学的以下四个方面。

第二百四十五条

（1）首先，甚至在最早的地理课中，每当对一个国家的叙述一结束，就会产生这样的问题："在这个国家里，各种事情以前看起来是怎样的？"因为以下是一种正确的理解，即城市和人类的其他作品并不像山脉、河流和海洋一样古老。虽然教师不能停下来去演示和解释过去的地图，不过，就正在讨论的这个国家的早期历史做一些补充说明将是有用的。可是，因为这里的问题涉及某个国家，所以卖弄讲述的技巧是不合适的（虽然在时间上可以追溯到过去）。提及以前的活动（诸如移民和战争），其目的仅仅是在一种固定的表面化的概念中加入生活的气息。一开始，对于与德国地理有关的以往时期的讲解可以尽可能简洁些，可是，随着逐渐连续地讲授法国、英国、西班牙和意大利等国的历史，这些历史方面的讲解被紧密地结合在一起，因此可以这么说：遥远的历史在人们眼中隐隐地出现。至于这方面的内容应讲多深，取决于地理教学中第一和第二教程的不同要求。在第一个教程中，讲授最一般的内容就足够了，例如：不久以前德国还处于比现在更为分裂的状态；再早些时候，当时一些相邻近的城市及其君主之间经常相互开战；一些贵族习惯于居住在多少有点难以进入的高地上；为了形成更好的秩序和更严格的监督，德国被分成了十个行政区，等等。

第二个教程将容许比第一个教程讲述更多的历史事实（尽管对古老的历史事件还是讲得很有限）。只有较为新近的事件可以与地理适当地结合起来，但是那些尚存的古迹除外，比如位于意大利的遗迹、英国的复合语言、瑞士特有的政治体制（及其在地图上可以看见的许多细分出来的小块土地）以及其国内语言的多样性。

如同有时被建议的那样，如果采用这样一种计划，即通过一种单独的导论性的课程（采用讲授有关人物的简短传记的方法）来为学习中世纪和近代历史做准备（尽管其结果充其量也只能是碎片化的），那么这种计划至少也是较为可行的，在这一计划的实施过程中，以上提到的那种历史讲解可以与地理课的内容结合在一起。但是，在这种情况下，在墙上挂一张年表就更加必不可少，教师必须利用各种机会提到年表上的某些时期，其目的是使学生至少可以掌握某些确定的要点。否则，那些零散的传记就容易引起极大的混乱。

第二百四十六条

（2）历史教学早期阶段的主要基础始终是希腊和罗马的历史。开始时先讲一些出自荷马神话的好的故事也不是不恰当的，因为一个民族的历史和它的宗教之间存在着一种紧密的联系。可是，有两种错误的方式是应该避免的：其一，为了力求完整而讲述详细的"神统记"（theogony）或者把一些讨厌的虚构的故事包括在教学内容中，这样的方式缺乏理性目的；其二，让学生记忆神话的内容。只有真实的历史才应该让儿童去记忆，神话是男青年或成年男子学习的内容。

波斯的历史必须近似于按照希罗多德所安排的那样按顺序去讲，可以以插曲的形式与亚述和埃及的历史结合起来讲，希腊史的讲述则应被给予突出的地位。另一方面，来自《旧约全书》的故事则自成一条教学线索。开始时，罗马史的讲述必须从神话开始。

【评注】无论德国人对本国孩子的早期历史教学看法如何，当我们讲到美国的儿童时都会发现，美国的历史对于教学的先后次序具有很强的要求。如果我们认为对于学生而言，历史学习的主要的理性目的是通过掌握历史发展的知识去理解现状，那么对于一个美国儿童来说，其本国最早的和先期的历史就比其他任何国家的历史更具有无尽的价值，因为在本国的历史中包含了各种力量，而这些力量促使我们的人民发展起来；反之，古代希腊和罗马在时间上与现在相距遥远，其影响也同样遥远。正是希腊和罗马的神话最吸引儿童，但是这属于文学而非历史。世界历史上一些战役的重要性也是如此。但是，要理解在哲学兴起之后希腊人追求个性的热情，那需要比理解美国历史上的先驱者们那种相应的感情更具有成熟的头脑，更不必说将学习美国历史作为我们自己发展的一个阶段的那种必要性了。因此，出于简明的原因，也考虑到心理上的接近和国家的重要性，对于美国儿童来说，对美国历史的学习必须先于对希腊和罗马历史的学习。

第二百四十七条

现在，假定按照古人所建立的模式去详细记述的那些故事已经赢得了学生的注意，那么仅仅是听故事的快乐还不能被认为可以用来确定讲课给学生的印象。随后必须进行简要的检查，一些主要的事实必须按照年月顺序去记忆。

在这里，以下建议将是适当的。在记忆中，主要的事件应该依附于已被记住的那些日期，这样就不会产生混乱。于是，尽管一个主要事件是由多个小事件所构成的，但是只要记住一个日期也许就足够了；如果看起来有必要加上另一个日期，或者再加上第三个日期，那也好，但是如果继续增加更多的日期，就会使原来所定的目标难以实现。日期越多，它们的作用就越微弱，因为面对所有这么多的日期，记住它们的难度就增加了。在一个国家的历史中，各种日期的间隔应该尽可能保持得远一些，以便在中间更加容易插进一些数字，使列表能够显示同时发生的事件，不同国家的历史就通过这种方式被联结在一起。在讲述古代地理的事实时也可适当地利用这种方式，但是介绍的内容必须准确。

【评注】假定教师最初采用的历史讲述的方法在吸引初学者方面是最有效的，那么我必须指出：近代历史学家们的综合知识和写作技能极大地超过了一般教师。近代的问题不是如何理清历史，而是如何利用那些已经被理清了的历史。总之，它是要防止那种由于啰唆而产生的混乱。对于学生而言，对历史书籍的广泛阅读就像对小说的广泛阅读那样，可能会产生不好的效果。学生的头脑也许完全沉溺于历史上的那些变化不停的事件（在某一个领域中是这样，在另一个领域中也是一样），所形成的印象就像大海上的船那样摇摆不定。要改善这种情况，就要使学生的头脑对各个来源的知识加以组织。而要做到这一点，就要通过教师或历史书籍的作者（或者是两者）去加以促成。某些作者通过主题、参考文献和所要研究的一些问题来确保纲要的清晰度。拉内德（Larned）的《英国史》（*History of England*）就采用这种方式来结束每一章。我们以第16章的结尾为例，这一章叙述了英王查理一世[1]和他的国民之间的争吵：

202. 查理一世。

主题

（1）查理的性格和观点。

参考文献——布莱特[2]，Ⅱ，608，609；格林[3]，495；蒙塔古（Montague），118；兰塞姆（Ransome），138，139。

203. 君主统治初期的不信任。

主题

（1）查理的婚姻和违背的誓约。

参考文献——布莱特，Ⅱ，608，614。

204. 查理国王的第一届国会。

主题

（1）查理的计划和他对国会的态度。

（2）下议院的态度和下议院的解散。

（3）国王征税。

参考文献——伽德纳，Ⅱ，502，503。

要研究的问题：①哪些是国王的税收的合法来源和不合法来源？（兰塞

---

[1] 查理一世（Charles I，1600—1649），于1625—1649年为英王。——中文译者注
[2] 布莱特（John Bright，1811—1889），英国演说家、政治家。——中文译者注
[3] 格林（John Richard Green，1837—1883），英国历史学家。——中文译者注

姆，151，155）②什么构成了君王的私有财产？③是什么使查理宫廷开支巨大？［特雷尔（Traill），Ⅳ，76］④这种用钱的需求如何才能获得国会的慷慨批准？[1]

采用类似的方式，这部分英国史的其余的主题被记录下来，从而在学生的大纲和阅读材料中对学生起指导作用。教师应适当注意学生是否已牢牢记住大纲的内容，这样学生就不会有在大量的文字材料中迷失方向的风险。同时，学生的头脑由于积累了许多极好的原始资料而变得充实起来，不会由于单独一位教师的相对贫乏的资源而受到局限。通过这种方法，儿童可以享受近代教育的福利，同时不会由于精力的过多消耗而受到伤害。

通过不同的途径，其他的历史书籍作者也达到了同样的目的。例如，菲斯克的《美国史》(*History of the United States*)用一种主题性的大纲来结束每一章，在这一大纲里强调原因和结果。第10章结尾，在"革命的起因和开始"的标题之下，我们看到以下内容：

主题和问题

76. 英国和它的殖民地之间关系恶化的原因。

（1）欧洲人对于殖民地的看法是什么？欧洲人对于殖民地的目的有何看法？

（2）关于贸易有哪些错误的看法存在？

（3）管理贸易等有关事务的法律的主要目的是什么？

77. 联邦的需要。

（1）和法国开战的一个困难。

---

[1] 拉内德（Larned），《英国史》(*History of England*)，麦克米伦公司（The Macmillan Co.），第396页。——评注者注

（2）对富兰克林[1]的报道。

（3）富兰克林关于联合的计划，等等。

78. 《印花税法》[2]的通过和废除。

（1）殖民地所需要的政府类型。

（2）议会如何寻求建立这样一种政府。

（3）一种印花税法律的性质，等等。

79. 英国的税制。

（1）皮特[3]对美国示好冒犯了乔治三世[4]。

（2）英国人民在国会中的代表。

（3）在美国，人民的代表如何受到公正的对待。

（4）在英国，人民的代表是如何受到不公正的对待的。

（5）腐败的做法由于这种不公正而滋长蔓延。

（6）老的辉格党[5]。

（7）托利党（Tories），或者乔治三世的党。

（8）新的辉格党及其目标。

（9）为何乔治三世对皮特如此怀恨在心。

（10）英王对于美国税制的态度。

（11）英国人民不是我们的敌人，等等。

---

[1] 富兰克林（Benjamin Franklin，1706—1790），美国政治家、作家、发明家。——中文译者注

[2] 《印花税法》（*Stamp Act*），英国议会1765年通过的法律，规定美洲殖民地的公私文件等必须贴印花，后遭殖民地激烈反对，于1766年3月废止。——中文译者注

[3] 皮特（William Pitt，1759—1806），英国政治家，于1783—1801年和1804—1806年两度出任英国首相。——中文译者注

[4] 乔治三世（George Ⅲ，1738—1820），英国国王，1760—1820年在位。——中文译者注

[5] 辉格党（Whig），英国政党，产生于17世纪末，19世纪中叶演变为英国自由党。——中文译者注

在这些主题的后面有一张一览表，表中包含了15种"有启发性的问题和指导语"，还有来自菲斯克的《美国革命》(*The American Revolution*)（第一卷）的参考资料，以上全部内容以18个主题结束，这18个主题对应于《美国革命》和库克[1]的《弗吉尼亚》(*Virginia*)[2]。

近代的儿童教科书由各个知识领域的名家编撰而成，他们花费了许多心思，想要利用所有近代的手段去激发学生的智力和兴趣，这是一个重要的事实。事实既然如此，再要依赖以前的方法就是无效的了，不管那些方法在过去对于学生来说是如何有效（那时他们也能学会流畅地阅读）。

第二百四十八条

在详细的讲述之后进行全面的评述，这对于学生有以下好处：有的历史时期教师讲得不多，学生会自动地推断这期间也发生了许多事，只不过历史书籍或教师省略不谈而已。通过这种方式可以防止产生错误的印象，而纯粹扼要的教学则有可能导致学生产生错误的印象，事实上，在稍后的一个阶段，扼要的教学在一定程度上是不可避免的。

第二百四十九条

（3）中世纪历史的教学不能从古代语言的学习中得到帮助，它和现在的环境也并不紧密相关；比讲授地理和年表更清晰地讲授中世纪史是有困难的。没有兴趣而单凭记忆的学习将成为极大的负担，但仅仅认识到这一点是不够的。一些基本的东西，诸如伊斯兰教、罗马天主教教会制度、神圣罗马帝国和封建制度等必须加以解释，并适当地突出重点。直到查理曼[3]的多数事实都可以被用来补充说明大迁移（the Great Migration）的全貌。从查理曼开始，接着讲

---

[1] 库克（Jay Cooke，1821—1905），美国财政家。——中文译者注
[2] 菲斯克，约翰，《美国史：中小学读本》(*A History of the United States for Schools*)，霍夫顿（Houghton），米尔福林公司（Mifflin & Co.），波士顿，第211—215页。——评注者注
[3] 查理曼（Charlemagne，742—814），768—814年为法兰克王。——中文译者注

授德意志历史的线索，通常被认为可取的做法是把这一线索延伸至中世纪末，为的是搞清楚某些情况，因为有些同时发生的事件也许以后与之有关联。然而对于这种方法的价值仍有一些疑问。诚然，奥托王朝[1]、亨利王朝[2]和霍恩施陶芬的君主统治（还有一些偶然发生的事件）形成了一个连接得还算不错的整体，但是就像早先皇帝位置空缺时[3]那样，期间也有令人悲哀的中断，虽然在讲述鲁道夫·阿尔勃莱希特[4]和巴伐利亚的路德维希[5]时，历史的记事又恢复了原状，但是对于这里所谈论的整个时期的历史人物和事件的编年表来说，在继任的领导人——从卡尔四世（Carl Ⅳ）到腓特烈三世（Frederick Ⅲ）——的名单中，无人能成为适当的起点和联结的中心。因此，也许更好的方法是，在讲到巴伐利亚的路德维希被逐出教会、伦赛（Rhense）的选帝侯[6]大会以及教皇是如何来到阿维尼翁[7]居住的时候，就可以告一段落了。然后回过头来讲述查理曼——法国、意大利，甚至还有英国，都可以开始讲，十字军东侵的历史可以讲得更完整一些。再往前些，采取一种同步的方式，也许要特别注意勃艮第[8]和瑞士，并且要注意英法之战不断变化的命运。法国史的讲述可以止于查理八世（Charles Ⅷ）的统治，英国史的讲述可以止于亨利七世[9]，与此同时，从马

---

[1] 奥托王朝（Ottos），其中奥托一世（Otto I）于936—973年任德意志皇帝，962—973年任神圣罗马帝国皇帝。——中文译者注

[2] 亨利王朝（Henrys），其中亨利四世（Henry Ⅳ，1050—1106）于1084年加冕成为神圣罗马帝国皇帝。——中文译者注

[3] 这里指1254—1273年。此时各邦割据，德意志没有皇帝。——中文译者注

[4] 鲁道夫·阿尔勃莱希特（Rudolph Albrecht）是德意志的帝王。——中文译者注

[5] 路德维希（Ludwig）是德意志公国巴伐利亚的国王。——中文译者注

[6] 选帝侯（elector），指德国有权选举圣神罗马帝国皇帝的诸侯。——中文译者注

[7] 阿维尼翁（Avignon），法国东南部城市。——中文译者注

[8] 勃艮第（Burgundy），法国东部一地名，这里指中世纪的一个公国。——中文译者注

[9] 亨利七世（Henry Ⅶ，1457—1509），英国都铎王朝（1485—1603）的第一代国王，1485—1509年在位。——中文译者注

克西亚连皇帝¹起,德国史再次被置于突出的地位。胡斯战争²将被作为宗教改革的先驱来对待。其他的事件必须被巧妙地插入。许多归类的变化将不得不留到随后的复习中再加以说明。

第二百五十条

(4) 在讲述近代史的过程中,教师最好能利用以下这一点:近代史所包含的时期没有中世纪那样长,近代史分为三个完全不同的阶段,第一个阶段以《威斯特发里亚和约》(the treaty of westphalia)的签订为结束,第二个阶段从《威斯特发里亚和约》签订以后到法国革命,第三个阶段从法国革命到现在。这些阶段应该仔细地加以区别,每个阶段的主要事件应该对照编年表来讲述,随后应该讲述有关每个国家的最基本的历史事实。只有采用这种方式讲述了每个阶段之后,并且所描述的学科主体已通过复习被彻底地印在了记忆中,才可以适当地继续更为详细地讲述人种学,这种讲述将追溯到各个国家的中世纪史并延续到我们自己现在的时代。通过从头至尾把同样的内容再温习一遍,进一步阐述以前只是概要讲授的内容,这样做是无害的。

主要的事情是,如果一种教学只是要求使文化变得更完美,那么在引导学生去注重实效地学习历史并教育学生去寻找相关的原因和结果之前,这种教学就不能被认为已经结束。这一点特别适用于近代史,因为它与现在有着直接的联系;但是从这一观点出发,中世纪和古代的历史也必须经过再一次思考。历史应该是人类的教师;如果历史没有做到这一点,其责任主要就要由那些在学校中讲授历史的人来承担。

---

[1] 马克西亚连皇帝是指圣神罗马帝国的皇帝,其中马克西亚连一世(Maximilian I,1459—1519)于1493—1519年在位,马克西亚连二世(MaximilianⅡ,1527—1576)于1564—1576年在位。——中文译者注

[2] 胡斯战争(Hussite wars)是1419—1434年捷克人民反对外来入侵者的解放战争,因捷克宗教改革家和爱国者胡斯(John Huss,约1369—1415)而得名。——中文译者注

第二百五十一条

不仅在高级中学里,而且尤其是在高等市民学校里(因为它们的学习课程不与大学相衔接),一部编纂得很好并且比例均衡的有关发明、艺术和科学的简史应该作为历史教学的结束。

此外,在整个历史课程中,还应适当地伴之以诗歌选集作为说明,虽然也许这些诗歌并非来自不同的重要时期,然而历史与这些诗歌有关;在某种程度上,即使只是为了说明时间相隔非常久远的不同时代,这些诗歌也可以显示出人类思想充分自由活动的极大差异性。

【注释】 对于每个国家来说,它们的历史是不同的,各地对于历史的兴趣也不一样,并且由于历史和一些大的事件具有联系,当这些史实脱离了它们原本发生的地点而单独被拿出来讲的时候,年轻人的头脑常常是难以理解的。如果想要及早地介绍历史以照亮人心,就必须特别地花费苦心,选择那些对于孩子们而言易懂的、有吸引力的内容。

第三章 数学和自然学习

第二百五十二条

学习数学的能力有点儿不同于学习其他学科的能力。但似乎也可以反过来说，因为这种不同是由数学学习开始得太迟并且不受重视所造成的。但是，数学家们很少想到要花费时间去教儿童学习数学（尽管他们本应这样做），这是很自然的。在初级课程中，人们由于注重算术而忽视了组合与几何，并试图证明在组合与几何的学习中并未激发起数学的想象力。

最重要的是要注意数量以及它们在什么地方发生了变化。因此，在可能的情况下，让学生数一数、量一量以及称一称，而在不可能的情况下，至少让学生估计一下数量的大小，以便测定多和少、大和小以及近和远（不管这种测定起先有多么模糊）。

一方面，应该特别注意排列、变分[1]和组合的数字；另一方面，应该特别注意平方和立方的关系，在这些关系中，相似的平面和立体是由类似的线条所决定的。

【注释】此处不宜说得太多，否则会使数学的早期教学产生不必要的困难，但在此还是要简洁地说：这些困难有的起因于有关的术语，有的起因于教师惯常的看法，有的则起因于增加了不同的要求。

（1）甚至在最容易的分数方面，所使用的表达方式也会形成一种障碍。例如，分数$\frac{2}{3}$，读作三分之二，因此，$\frac{2}{3} \times \frac{4}{5}$，应该读作三分之二乘以五分之四，而不是2乘以4再除以3乘以5。被忽略的事实是，一个整体的第三部分包含了这个整体的概念，它不可能是一个乘数，只能是一个被乘数。这种困难是学生所碰到的。在使用难以理解的词"平方根"（square root）时，也会碰到同样

---

[1] 变分（variation），这是数学中的一个专有名词。——中文译者注

的情况，原本的表达是：一个积的两个相同因子的其中之一。以后当学生学到方程式的根时，事情甚至会变得更糟。

（2）还可以多说一点，以批评一种错误的观点，根据这种观点，数字被标为若干单位之和。同样，数字的和也并非积；"2"并不意味着两个东西，而是表示加倍，不管被加倍的东西是"1"还是更大的数字。一打椅子的概念并非由包含单个椅子的12个知觉对象所组成；这一概念仅仅包含两个智力成果——椅子的一般概念和未分开的12倍。100个人的概念同样仅包含两个概念——人的一般概念和未分开的数字"100"。因此，诸如6只脚、7磅等也是同样的道理，在这种表达方式中，使用单数有助于理解。只要数字概念被认为等同于一系列数字并且不得不求助于连续的计算，数字概念就仍然是有缺陷的。

（3）在一些算术问题中，学生对于所碰到的问题的理解上的困难与对该问题的解答本身容易混淆。资本、利息和时间，速度、距离和时间等，这些内容是学生所必须熟悉的，因此必须在学生能够实际加以运用以前很久就对他们进行解释。有的学生对于数学概念仍然感到困难，应该给予他们一些既具体又熟悉的例子，从这些例子中他们可以重新产生数学思维，并且不会为此而绞尽脑汁。

第二百五十三条

对线段、角的度数和弓形的测量（就这种测量而言，许多儿童游戏——具有建筑倾向的游戏——也可以提供最初的机会），可以引发观察练习，这种练习既涉及平面，也涉及球面。获得这方面的技能以后，要经常运用，否则这些技能就会像已学到的其他各种东西一样再次丧失。每一张建筑物平面图、地图和天文图表都可以提供练习的机会。

假如除了平面几何的教学以外，代数学的教学已推进到了二次方程式的内容，那么，这些观察练习应该采用以下这样一种方式去组织，即在测量教学完成后，为三角学的教学做好充分准备。

【评注】关于初等算术中"比例"这一观念的重要地位和价值的广泛讨论，在麦克利兰和杜威（McLellan & Dewey）的《数字心理学》(The Psychology of Number)[1]和斯珀（W.W.Speer）的《新算术》(The New Arithmetic)[2]中可以见到。前一本书主张用可变化的单位及早练习测量，声称儿童应该及早获得数字的观念（这种观念表达了一种关系，即某一个被测量的东西与一个选中的衡量标准有关），并且能够计算具体的测量实例。斯珀先生通过为学校提供许多套各种尺寸和形状的积木而使得比例的观念更为突出，他以这种方式训练学生，使他们很快就能认识到数字就是作为两个数量之间的比例。如果要深入考察这些原理，读者可以查阅戴维·尤金·史密斯（David Eugene Smith）博士关于初等数学教学的具有远见的论文。[3]

【注释】自从本人写作了一本小书论述裴斯泰洛齐的直观教学ABC[4]的计划以来，到现在几乎已过去了40年，自那时起我经常要求教师们使用我所提出的那些方法。在"形式学习"（Study of Forms）的标题之下，其他人也提出了许多建议。一件主要的事情是训练用眼睛测量距离和角度，并且把这种练习与非常简单的计算结合起来。其目的不仅是使学生获得对于感性物体的敏锐的观察力，而且，更重要的是，还要激发几何的想象力，要把算术的思维与这种想象力结合起来。的确，这种练习通常被忽视，但它们是数学学习的必要准备。所利用的起帮助作用的东西必须是实在的物体。各种东西都已被试过，并且被丢在一边；对于最初的阶段来说，最合适的是用薄的硬木材做成的三角板。只需要17对三角板，它们都是有一边同样长的直角三角形。为了得到这些三角板，可以画一个圆，其半径为10厘米，并且在5°、10°、15°、20°

---

[1] 麦克利兰和杜威，《数字心理学》，国际教育丛书，阿普尔顿公司，纽约，1895。——评注者注
[2] W. W. 斯珀，《新算术》，吉英公司（Ginn & Co.），波士顿，1896。——评注者注
[3] 史密斯，《初等数学的教学》(The Teaching of Elementary Mathematics)第五章，麦克米伦公司（The Macmillan Co.），纽约，1900。——评注者注
[4] 赫尔巴特的《裴斯泰洛齐的直观教学ABC》发表于1802年。——中文译者注

等一直到 85°的地方画出切线和割线。能够形成的许多组合将很容易显现出来。实际上切线和割线必须由学生来测量；从 45°起，相应的数字应该受到注意（开始时这些数字不要超过 1/10），并且在经过一些复习之后学生应能够背诵。在这一基础上可以设计一些非常容易的算术例题，其直接的目的是使学生对于如此简单的内容产生持久的注意。与球形有关的观察要求一种更为复杂的装置，那就是一个球的三个能活动的大圆圈。在球面三角的教学中，手头有这样的教具，那就好了。当然不言而喻，观察练习并非代替几何，更不是代替三角，而是为这些科学的学习打好基础。当学生开始接触平面几何的时候，木制的三角板就可以被放在一边了，并且观察的重要性也就次于几何作图了。同时，算术已超越了那些仅仅涉及比例的练习阶段，而发展到乘方、根和对数的阶段。实际上，如果没有平方根的概念，学生甚至连毕达哥拉斯的勾股定理也无法完全掌握。

【评注】《赫尔巴特的观念知觉 ABC》和其他若干种篇幅较小的教育著作已被译成了英文[1]。《赫尔巴特的观念知觉 ABC》充满了敏锐的观察和具有独创性的策略，然而它总体上体现出一种偏离主题的思想，特别不实用。训练儿童养成一种习惯，使他们能够把一块地分解成一系列的三角形，这也许是有可能的，但是就这一体系而言，像其他任何一种程式化一样，它太不自然了，以致不可取。不过，有限度地使用这里所提到的策略也许有助于刺激一个在其他方面较为迟钝的头脑。

第二百五十四条

但是，由于对数所引起的困难，现在产生了一个问题，这需要特别注意。教师很容易解释对数的使用，并且在实践中，就必要性来说也很容易使基础概念明白易懂——算术级数和几何级数是一致的，自然数被想象成一种几何级

---

[1] 威廉·J. 埃克科夫（William J. Eckoff），《赫尔巴特的观念知觉 ABC》（*Herbart's A, B, C, of Sense Perception*），国际教育丛书，阿普尔顿公司，纽约，1896。——评注者注

数。但是从科学角度考虑，对数涉及分数指数和负指数，也与二项式定理的运用联系在一起。诚然，就整个正指数来说，二项式定理仅仅是一种容易组合的公式，但是，仅就这些内容来说，二项式定理在这里相比较而言用处不大。

现在，因为三角在其主要定理方面不依赖于对数，但是没有对数的帮助，三角就难以运用，这样问题就产生了：初学者是否有必要学习一门完整的且科学性很强的对数课程？很有帮助的三角教学是否要推迟到对数课程成功地完成之后再进行？或者，在准确理解基本原理之前是否应该允许实际运用对数？

【注释】 在这一问题上所遇到的困难——无疑是教师在数学教学中最为强烈地感受到的困难之一——终究仅仅是以前的疏忽所造成的有害后果的一个例证。如果几何想象力未被忽视，那就有充分的机会，使学生不仅对比例的概念留下较为深刻的印象（这甚至是初等算术所要求的），而且及早发展函数的观念。以上所提到的直观教学课已经说明切线和割线取决于不同的角。当学生熟悉了这些相互依存的关系时（就像经过半年的教学所期待的那样），正弦和余弦的教学就可以开始了。但事情做到这里还是不够的。稍晚一些时候，大约在介绍求积法（mensuration）的时候，对自然数的平方和立方必须加以强调，并且要让学生很快记住。接下去，应该指出，通过发现平方和立方的差，然后再把这些差额相加，可以再次获得原先的数字。对于用图形表现的数字应该采用类似的处理办法。

小的木制圆柱体（像西洋跳棋棋子那样的东西）可用于以上这种目的。使用这些圆柱体，可以得到各种各样的图形。教师应要求学生说出，为了构造这种或那种图形，他们需要多少圆柱体。接着应该说明，当根增加时，平方和立方也要增加，并且应该使这种知识成为学习微分学的初级部分的准备。现在，接下去是时候考虑根的连续值了，通过数字体系连续增加小的数量以作为一种连续的进展，可以发现这些连续值是不同的。此后，当 1、10、100、1000 等的对数和 1/10、1/100 等的对数被反复地教授了许多次以后，就可以教授对数的插值法的概念了。

第二百五十五条

在那些实用的目的居支配地位的学校中，对数应该通过算术级数和几何级数的比较来加以解释，并且实际运用应立即接着进行。但是，即使求助于泰勒定理（Taylor's Theorem）和二项式定理，初学者的收获通常也不会很大。并不是这些定理（连同微分学的要素）似乎难以讲清楚；真正的困难在于，许多学生所理解了的内容不能被记住。当初学者开始运用的时候，他仍然记得有关定理的证明，记得他已经理解了这种证明。确实，由于某些帮助，也许他又能够回忆起证明的过程。但是，他缺乏正确观察事物相互关系的眼力；并且他在运用对数的过程中用什么方法去计算对数，这对于他来说是无足轻重的。

这里所说的关于对数的内容可以被更为普遍地运用。只有人们熟悉了与对数有关的概念的领域，严格证明的价值才能被完全理解。

【评注】 在美国的学校中，学生通常在完成算术的学习之后立即开始学习初等代数和初等几何，在算术学习的稍后阶段，代数学和几何学就都要提前开始学习并达到某种程度。以下几段话出自戴维·尤金·史密斯的著作[1]，它们简要地陈述了自赫尔巴特时代以来初等代数学的某些进展：

"在16世纪，以文艺复兴而著名的知识的伟大复兴，见证了代数学在几个世纪的停滞不前之后开始的新的发展。塔尔塔利亚[2]解出了三次方程，稍后费拉里[3]解出了四次方程。到16世纪末，韦达[4]基本完成了初等代数学体系的建设，后来仅有的一些重要的完善属于符号体系的内容。在后来的两百年中，代数学家们力求解出五次方程，或者更有普遍意义的是，力求全面解出任何次数

---

[1] 对照：史密斯，《近代数学史》（*History of Modern Mathematics*），载于梅里曼（Merriman）和伍德沃思（Woodworth）的《高等数学》（*Higher Mathematics*），威利（Wiley），纽约，1896。——评注者注

[2] 塔尔塔利亚（N. Taitaglia，1499—1557），意大利数学家。——中文译者注

[3] 费拉里（Ferrari Lodovico，1522—1565），意大利数学家，解出四次方程的代数解的第一人。——中文译者注

[4] 韦达（Vieta，1540—1603），法国数学家。——中文译者注

的方程。

"19世纪初见证了代数学理论的一些伟大发展。第一个成果是确实证明了五次项的普通方程式依靠初等代数学是无解的,这一证明应归功于阿贝尔[1]。第二个成果是掌握了代数学的数字体系——完全理解了负数、虚数、不可通约数和超越数。其他的成果有级数的线状收敛性、数字方程式的实际的根的近似值、行列式的研究——所有这些成果都发现了它们各自进一步研究元和素(elements)的途径,再加上一些结构(forms)和群(groups)的理论,它们必将很快影响到该学科早先的重要内容。

"快速看一下该学科的发展,就足以知道它在近代的重大变革。今天它的发展是史无前例的。高等的文化开始影响低等的文化;行列式在初学者的课程中找到了它的位置;图解法正在再次坚持它们的正确性(这些方法受到某些人的反对,那些人不了解图解法在科学的早期发展中的重要性);'虚数'已经变得非常真实,代数学教师协会的精神遗产正受到一些具有批判眼光的人的检查,并且许多老的问题和规则必须很快被抛弃。对于一位教师来说,有价值的事情是,他应该意识到什么样的变化是令人兴奋的,以至他可以加入到以下这样一个活动中去,即淘汰不好的东西、坚持好的东西,并且进入近代数学的领域,其目的是查看他能否为基本的工作找到好的、有用的和充满智慧的东西。"

根据史密斯博士的说法,初等数学的真正次序大体如下:

(1)算术的简单运算。

(2)简单的求积分法及其与制图的相互关系,手头上的图样:归纳的几何学——科学的早期形式。

(3)商业和科学的算术,把简单的方程式用于一个未知的数量,并且在任何地方都可使用,只要该方程式能够解决有关问题。

---

[1] 阿贝尔(Niels Henrik Abel,1802—1829),挪威数学家,首次完整给出了高于四次的一般代数方程没有一般形式的代数解的证明。他也是椭圆函数领域的开拓者和阿贝尔函数的发现者。——中文译者注

（4）简单的数字的理论、根、级数、对数。

（5）初等代数，包括二次方程式和根的方程式。

（6）在代数学习以及在代数和几何发生相互关联之前，论证性的平面几何的学习就要开始了。

（7）平面三角学及其简单运用。

（8）立体几何、三角学、高等代数（含微分法和积分法）。

"然后学生应该快速地复习初等数学，包括初等解析几何和微积分学的课程。接下来他就可以准备开始学习高等数学了。"

第二百五十六条

通过间接的辅助概念和一条迂回的路线去证明，这是教学中的一种重大的不幸，尽管这样的做法非常时髦。

应该选择从简单的基本概念出发去证明。因为使用这些方式，信念并不取决于条件是否适当（所谓适当的条件是指，对长长的一系列初步的计划要有全面的考虑）。如此，泰勒定理能够从一个插值法的公式被推论出来，并且反过来，插值法的公式能够从对差的考虑中被推论出来，对于这些推论，除了加法、减法和数字的变化组合的知识以外，不需要其他任何东西。

【评注】由戴维·尤金·史密斯博士所做的对于虚数和复数的解释清楚易懂，所以我们将其详细地摘录如下：

"关于负数的说明在普通的教科书中是如此之多，如此简单，并且也是人所共知的，所以没有必要对它们再加以详述了。[1] 欠款（debt）和存款额（credit）、温度计上的刻度、经度、纬度、与地心吸力相比较的气球的上升，以及通过水平线和垂直线对以上这些内容用图表来加以说明——所有这些都是熟悉的。

---

[1] 参见：贝曼和史密斯（Beman & Smith），《代数学原理》（*Elements of Algebra*），第17页。——评注者注

"但是在多数的教科书中，虚数和复数被笼罩在神秘的色彩之下。这些教科书中用不同的文字说：'这是 $\sqrt{-1}$；它没有意义；你理解不了它；教科书的作者对它不了解；让我们快把这事结束了吧，然后继续关注别的内容。'在早期的代数学书籍中，也是用这种方式讨论负数的，但是现在，这种讨论方式会被认为是不可原谅的。然而在今天，确实没有更多的理由再习惯性地像400年前描述负数那样无知地去讨论虚数。在今天，对于一个正准备开始学习二次方程的学生来说，通过图来讨论复数并非很困难（就像对一个刚刚开始学习代数学的学生介绍负数那样）。

"简言之，对于复数而言，以下的草图将足以说明有关的步骤：

"1. 负数可以朝着一个与正数相反的方向去阐述（从我们称之为零的任意一点出发）。因此，当我们离开正数的范围，'方向'的问题就出现了。但是，除了正数和负数的方向之外，在一个平面上还有无数个方向，因此，除了这些以外，可能还有其他的数。

"2. 当我们把正数和负数加起来时，我们发现，有些结果对于初学者而言似乎很奇怪。例如，如果我们把+4和−3相加，我们说，它们的和是1，尽管1的长度要短于+4的长度或 3的长度；然而这不会使我们感到苦恼，因为我们除了长度之外，还要考虑别的东西，即方向；无论如何，+4和−3相加的和小于这两个数中的任何一个的绝对值，这是真的。可是，根据许多的例证（就像一个能提升3磅重物的气球被系在4磅的重物上时称量所得的总重），这被认为是如此合理，以至我们不再去注意它的奇怪；用图来表示，我们把+4和−3相加后所得到的和看作：从0出发，朝正的方向进4，然后朝负的方向进3，得到的和就是从0到停顿之处的距离即1。

"3. 如果我们用1乘以−1，或者乘以 $\sqrt{-1} \cdot \sqrt{-1}$，或者乘以 $\sqrt{-1}$ 两次，我们就会逆时针方向旋转180°，得到−1；因此，如果我们把它乘以 $\sqrt{-1}$，我们就应该把它旋转90°。因此我们可以用图解的方法，在垂直的轴线 YY′ 上以 $\sqrt{-1}$ 作为单位，这样就可以用图解法表示 $\sqrt{-1}$、$2\sqrt{-1}$、$3\sqrt{-1}$ …… $-\sqrt{-1}$、$-2\sqrt{-1}$、$-3\sqrt{-1}$，或者，更简洁地，$\pm i$、$\pm 2i$、$\pm 3i$ ……在这里，i 代表 $\sqrt{-1}$。我们因此就看到：i 是某种特性的一个符号（这种特性在图上就用方向来表示），比如 + 或 –，还有 $-3 \cdot 5i$、$i\sqrt{5}$，等等，它们就如同真正的 $-3 \cdot 5$、$\sqrt{5}$，等等。像朝外看到 $-3 \cdot 5i$ 倍大那样，从一个窗口看出去不可能看到 $-3 \cdot 5$ 倍大；严格说来，一个数字就像别的数字一样，它是个'虚数'，虽然该专门名词按照惯例已经开始适用于一个数字，而不适用于别的数字了。

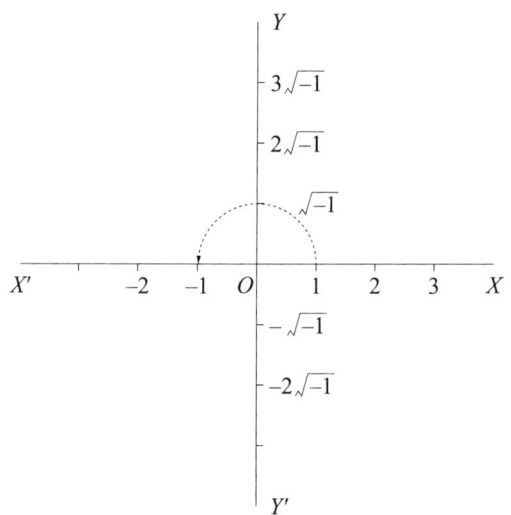

"4. 复数 $3+2i$ 现在就容易理解了。正像 $3+(-2)$ 可以用图解的方法表示为，从一个任意的零开始，沿着正的方向（比如说向右）经过3个单位，然后沿着相反的方向经过2个单位，把从零到停止的这一点的距离叫作总和，那么 $3+2i$ 也可以用图解的办法来表示：从零出发，沿着正的方向（下页上图中向右）经过3个单位，然后沿着 i 的方向经过2个单位，把从零到停止之处的距离叫作总和。

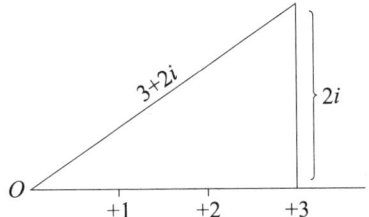

"当然,关于直角三角形的斜边是两条直角边的和,又会产生相关的问题。但是,这一实例和第2段中所提到的例子是类似的;它不是绝对值的总和,不是+4和−3的绝对值的总和即1;它是我们所定义的涉及方向和长度的那些数字的加法得到的和。

"我们经常采用一张图来说明由许多力所组成的平行四边形,以达到好的讲解效果。

"假定有一个拉着3磅[1]重量的力朝向右边(+3磅),另一个力拉着2磅的重量朝向上面(+2i磅),求两者的合力。很明显,该合力就是OP,即OP=3+2i。

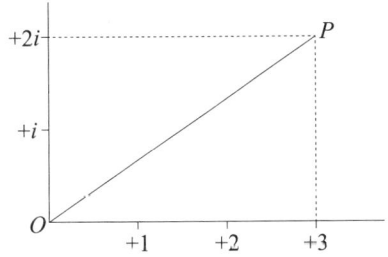

"对于复数问题的这一初步介绍表明,'虚数'的元素很容易被去掉不谈,并且刚要开始学习二次方程的学生至少能够获得对复数问题的提示。对于这些数字,在这里不适合做充分的论述,但初步的论述是易于理解的。我们希望已经讲述得足够多了,以使任何一位读者都不再满足于那种绝对无意义的、不合

---

[1] 1磅=0.454千克。——中文译者注

理的论述，而这种论述在许多教科书中都可以被发现。"[1]

第二百五十七条

总体上，数学教学的教育学价值主要取决于它在多大程度上涉及和影响学生的整个思想和知识范围。首先，依据这一真理，结果必然就是：仅仅讲述是不够的；更确切地说，其目标必须是激发学生的主动性。数学练习是必不可少的。学生必须认识到依靠数学他们能够做多少事情。必须经常布置书面的数学作业；不过所布置的功课必须相当容易。要求和规定的东西不应超过学生所能轻松完成的范围。一些学生在早期就被纯数学吸引，尤其是当几何与算术恰当地结合在一起的时候。但是，只要已经用别的方式激发起学生对一个问题的兴趣，而后再把数学运用于该问题，那么应用数学就是赢得好结果的一条更可靠的途径。

但是学生不应该过长时间地被限制在数学问题的一个狭窄的范围内，必须要在理论的介绍方面有所进展。如果唯一的需要是激发主动性，那么自然的本性也许很容易满足于无数的例题，这些例题会给学生提供日益增长的熟练的快感，甚至使学生从他自己的创造力中获得快乐，但是并没有向学生提供科学的重要概念。许多数学问题可以被比作机智的幻想，它们在适当的场合会受到足够多的欢迎，但是它们不应占用工作的时间。学生通过不断的学习能够自己解决一些问题，所以不应仅仅为了表现精巧的技艺而在这些东西上面徘徊不前。比仅仅做例题更重要的是通晓自然的事实，这种通晓如果与技术知识结合起来，就能够为数学提供更好的服务。

---

[1] 关于该问题的初步介绍，参见：贝曼和史密斯，《代数学原理》，波士顿，1900。关于该问题的历史，参见：贝曼和史密斯所翻译的芬克（Fink）的《数学史》（*History of Mathematics*），芝加哥，1900；或者贝曼教授在美国科学促进联合会（the American Association for the Advancement of Science）所做的副主席演讲，1898；或者前面已提到的《近代数学史》。——评注者注

第二百五十八条

甚至幼童也会忙于看动物学的图画书,并且稍后还会忙于分析他们所收集的植物。如果他们及早地习惯于这些事情,那么通过某种引导,他们就会很容易地自己继续下去。以后,教师将教他们观察矿物的外部特征。而因为性的因素,动物学的继续学习会碰到一些困难。

【评注】尽管讨论很热烈,但是关于内容和方法,教育的其他领域再也没有比小学里的自然学习更为不确定的了。一些科学家总是讲授大量分类的知识;还有些人则满足于获得一种对于自然的适宜的精神状态。如果在儿童身上能够培养起一种对于花草和鸟类的爱心,那么后一类人就会感到满意,因为最好的结果已经达到了。因此,这就引发了一场讨论:什么东西更有价值?是态度还是知识?

有的人担心,任何试图讲授真正的科学这种想法(即使是讲授一种初步的科学知识)都将导致科学兴趣的永久丧失。我针对这一点的回答是:对于自然的美的方方面面的一种情感上的尊重不能确保就会产生真正的科学兴趣。

在很大程度上,以上这两种人的观点都是错的,因为,尽管他们的目标是不相容的,但其实他们只是把一条共同的原则加以不同的运用而已,而这一原则如果不是完全错误的,至少也是不适当的。他们双方都假定,自然学习所要达到的目的是某些只与学生的实际生活间接相关的东西。一方总是把自然作为科学知识加以介绍;另一方总是把自然作为审美的或其他的情感的一种来源加以提出。科学家总是认为,对于一个学生来说,科学的事实或定律本身就是它存在的理由。他们认为,在每一个身心健全的儿童的心中,对于这样一种事实或定律,必须要有一种自然的和本能的回应,为了使头脑充满科学的精神,唯一必要的就是使头脑接受科学的事实。

也许令人遗憾的是,相对于正常的儿童来说,这种观点多少会受到一些科学天才的传记的影响。另一方面,那些对自然持有想象力的人假定,每个儿童对于自然美都必定会有一种天生的反应;因此,当儿童确实全神贯注的时候,真正的方法就是让自然美呈现在他的面前。仍令人遗憾的是,对于学生来说，这种观点也受到自然艺术家的影响。其结果就是，自然科学自身被作为一种目的去介绍——在一些情况下，自然科学被作为科学知识；而在其他情况下，则实际上被作为讨人喜欢的东西。

我们承认，少数儿童时而对这个刺激物有反应，时而对那个刺激物有反应，但是大多数儿童不会对自然美很着迷，他们也不会被对科学定律的兴趣束缚。要使儿童对一种东西的兴趣不断增长，自然学习就必须有一种更好的基础（即超越那种天生且幼稚的以新奇为乐的感觉），或者使儿童对科学定律心存敬畏感。但是，以上这种新奇感是短暂的，敬畏感也是微弱的。

我们可以像同意诗人的意见那样去同意科学家的意见，即科学和具有想象力的欣赏能力都是吸引人的目的，但是它们不能够通过说教式的命令去传递给孩子的头脑。

如果有一种帮助大于赫尔巴特向教育所提供的那种帮助，那就在于它清楚地使我们意识到了统觉（或心理同化）的原理的极端重要性。只要一种事实或者一种知识的原理或体系本身成为一种目的，它就是一种脱离儿童真实的精神生活的东西，这是一点都不会错的。即使一种在形式上正确的讲述方法能够立即引起全部"六种"兴趣，它也只能引起一种虚假的精神热情，而不可能产生更多的东西。它就像一次谈话，似乎很有趣，但却是"人为的"；它也许足以使一段沉闷的时间变得轻松起来，却不能唤醒充满活力的反应。可是，当天生对于新奇事物的热爱或者生来对于真理的反应由于温暖的人际关系的感觉而得到增强时，当森林的真相、平原的真相、矿山的真相或动物生命的真相等这些东西充斥着学生的头脑时（并且此时学生的头脑中还浮现出一些涉及现在或过去的意想不到的、重要的事情，它们与学生有紧密的个人联系），教学就建立在一种统觉的基础上了。抽象观念在以前是苍白无力的，美的东西在以前是缺乏趣味的，而现在它们因为得到了一种新的出于学生个人的评价，就变得生动起来。

一只正在吃草或者在荫凉处休息的安静的绵羊，一只在草地上蹦蹦跳跳嬉戏的小羊，都是自然学习合适的对象。它们的皮、它们的脚、它们的角和毛等，作为科学的知识都值得注意。被削弱了的兴趣甚至可以通过吟诵诸如 Little Bo-Deep 和 Mary had a Little Lamb 这样的儿歌来加以增强。但这些只是针对那种反应迟钝的儿童的方法。

如果教师能够向学生揭示羊毛的作用（即做成外套供人类穿着），并且能够引导学生去重温远古以来羊毛被纺成线并织成衣服的过程，与此同时，如果这种劳动对于男子和妇女的家庭生活的影响能够被证明，那么对于羊的有关知识的学习就值得那些会踢足球的男孩子或会做菜的女孩子去关心。有关羊的知识就不再是仅仅适合于婴幼儿的或者是不真实的了。我们有从珀涅罗珀[1]到普里希拉（Priscilla）的全部故事。杜威教授说："儿童如果对于成人的生活方式感兴趣，对于成人必须与之打交道的工具感兴趣，对于由所获得的权力和闲暇而引起的生活变化感兴趣，这时候他就会渴望在自己的行动中重复成人的活动过程，比如制造一些用具、重复一些工序和重铸一些材料等。因为儿童只有通过了解他们从自然界得到了什么资源以及遇到了什么障碍，才能理解他们的问题和他们的成就，所以儿童对田野和森林感兴趣，对海洋和山脉感兴趣，对植物和动物感兴趣……对历史的兴趣使得儿童自己对自然的学习更多了一种人性的色彩和一种更广泛的意义。"[2]

由这种论证引出的结论是，把自然学习本身作为一种目的，或者作为一件脱离了学生真实的或料想得到的经验的事情，仅仅是一种不太切合实际的想法（即认为自然学习也许会因此而受到更加理性的对待）。根据时间顺序，自然学习在最初的阶段，可能的确就只是反映了孩子们看到那些新颖、奇妙和美丽的东西之后（特别是看到有生命的动物的活动之后）内心所感受到的快乐，此时自然学习也可以通过儿童文学作品而得到加强。可是，当孩子成长为少男少女的时候，对于一种持久的兴趣而言，产业的目的就成为一种主要的依靠

---

[1] 珀涅罗珀（Penelope），希腊神话中的英雄奥德修斯（Odysseus）的妻子。——中文译者注
[2] 约翰·杜威，《初等教育中历史课的目标》，载《初等学校纪事》，1900年11月，芝加哥大学出版社。——评注者注

(首先是在家庭环境中，然后是在原始工业的环境中）。在重现原始工业的过程当中，必然地存在一种历史的因素。通过模仿原始的工业过程，自然学习已经获得了一个坚实的统觉的基础，并且已经具有了一种历史背景，于是这种学习就可以适当地通过书面文献得到进一步的加强。通过一种来自精神生活和经验的力量，自然的诗一般美丽的价值现在将吸引学生的注意力；通过对于道德律的某种敬畏感（这是康德原本所要求的），科学规律现在将具有某种机会去吸引学生的注意力。因此在自然课中，吸引学生学习的真正因素的次序如下：对于婴幼儿来说，是天生的好奇心以及乐于看到的有生命的动物的活动；对于少男少女来说，是对那些依赖自然的物体和力量的生产过程的模仿，再加上阅读历史的和书面的文献；再到后来，自然学习的功课也可以引起青年人对于自然规律和自然美的兴趣。

第二百五十九条

与前述事项相结合的应该是更加注意外部自然界，注意和季节对应的变化，并且注意相互联系的方法。

一方面，在这一项目里包括观察一些天体——太阳和月亮在何处升起，月亮圆缺的过程是怎样的，在哪里能发现北极星，较明亮的星星和最惹人注目的星座在什么样的弧形曲线上运行。

另一方面，这当中还包括技术的知识，一部分是通过直接的观察而获得，另一部分是通过学习描述性的自然科学的课程而获得。我们不应该仅仅从所谓追求实利的兴趣这方面来考虑技术。技术提供了人们对自然实情的理解和人类目的之间非常重要的联系。每一个成长中的青少年既应该学习使用木匠常用的工具，又应该学习使用尺和圆规。手工操作的技能常常被证明比体操更有用。前者有益于智能，后者有益于身体。手工培训学校应该与市民学校（burgher school）相配，但是这并不意味着手工培训学校必定是职业学校。最后，每个人都应该学习如何使用他的双手。在使得人超过动物这一点上，除了语言之外，手也具有重要的地位。

前述的许多信息也成为地理学习的一部分；至于怎样学习，我们将在下一章中讨论。

【评注】上一个十年中手工培训学校的快速发展证明了前面的评论的正确性，虽然还未实行，但人们非常普遍的愿望是要求对文法学校的学生进行相当多数量的手工训练。女孩子通常可以学习某种形式的缝纫和烹饪，与此同时男孩子可以接受木刻等工艺教育或者学习其他类似的木工活。要求女孩子学做木工活（而不是那些特别适合女性的手工训练），这一基本原则尚未被令人满意地确立起来。

第二百六十条

通俗的天文学基于对一些天体的观察，而对于学生的数学想象力是否已得到了适当的培养，这种观察提供了一种检验标准。

第二百六十一条

基础静力学和基础力学将被作为物理学的初级入门知识，这种知识与化学的最容易的一部分内容相关联。在正式讲授物理学之前，早就必须通过许多能够激发注意力的东西去为后面的教学做铺垫。孩子的注意力被引向闹钟、碾磨机和最熟悉的大气压力的现象，以及电动的和有磁性的玩具，等等。在市民学校中，至少必须讲授关于建筑物和机器的内容，这样做对于促使学生在未来做进一步的学习是必要的。这同样适用于生理学的一些基础知识的学习。

第二百六十二条

每当介绍一个新的学习主题时，重要的是应突出某些显著的知识，学生对这些知识必须准确地加以记忆。此外，学生需要练习准确地进行描述。如果可行，这些描述可以通过实际观察物体本身去加以纠正。

对于用来观察的一些物体只加以草率的、肤浅的观察，那样做总是会招来严厉的批评，否则物品收集和实验就会失去其价值。也不应该随意地把一些物体展示给学生；必须经常事先告诉学生他们应注意观察什么。依次利用出色的描述、图片和直接的观察常常有助于达到教学目的。

第四章　地理

第二百六十三条

地理至少可以区分为两种课程。一种课程是分析的，从学生最接近的邻近地区（居民点的地形）开始，而另一种课程则从地球开始。这里仅仅讨论前一种课程，因为后一种课程能够直接从好的教科书中得到材料。

【注释】如果为了使地球圆体的概念更明白易懂，把学生的注意力引向月球的形状，并且偶尔通过一架望远镜的帮助来进行观察，那么通常把地球作为教学出发点的方法总是无可指责的。但即使这样做了，用学生对一只巨大的球所产生的不清楚的、模糊的观念去代替直接的感性认识，仍然是一个大的错误。从葡萄牙和西班牙开始进行教学同样是不明智的。学生和教师当下所处的地点就是教学的出发点，学生必须从这里找到他们的方位，并且在思想上扩展他们的见识。假如感性知觉就是教学的出发点，那么就绝不能忽略这个正常的出发点。

【评注】如果这部分的内容得到了应有的关注，我们就不会在赫尔巴特死后等待了50年，才看到现在把地理科学纳入初等教育的内容这种理性的做法。近代初等地理教育值得骄傲和自豪的事情是，它从对学生的实际环境的学习出发进行教学。乡土地理现在已成为一个为人所熟知的词语。它表明，当学生生活在他们自己的地区时，我们要教他们观察相应的地理环境。学生学习小山、河道、土壤、树林和湖泊，还有一些工业现象（它们处在学生的调查范围内）。学生把他们的地理知识结构建立在这种最初的感觉基础之上。

第二百六十四条

地理是一门综合性的科学，我们必须利用它所提供的一些机会，把种种知识捆绑在一起，在学生的头脑中不应该允许这些知识孤立地存在。地理中的数学部分不适合作为数学和历史（第二种课程）之间最初联结的环节（地理中的数学部分通过通俗的天文学得到补充并且变得有趣味）；在观察练习的基础上，甚至地理的基础部分也可以提供应用的机会，让学生去确定所使用的第一批地图中出现的那些三角形，当然在学生获得了某种技能后（这时他们能够选出值得注意的一些特征），这一步骤并不总是必要的。（对于第一种课程来说，通过纬度和经度来确定位置是不合逻辑的，就像一位在德国或法国的旅行者，如果他着手把自己想要逗留的一些地方画在一张图中——利用这些地方与赤道和第一条子午线之间的关系的帮助去画这张图，那么他这样做也是不合逻辑的。）

自然地理含有某些自然知识，并且给学生提供机会去丰富那些知识。政治地理指明了人类在地球表面居住和利用地球表面的方式。把所有这些联系起来是地理教学的教育学目的。

第二百六十五条

教师必须培养叙述的技巧；他必须像一位旅行者似的那样描述。但是这种地理叙述应该与一些地点的相对位置的确定不发生冲突（把这些地点聚集在一个主要地方的周围，在地点超过一个的情况下使用三角形去把它们连起来），就像在历史教学中，一些事件的故事应该和年月顺序的图表也不发生冲突一样。叙述应和地理定位相互配合。叙述是要呈现一张清楚的画面，为了达到这一目的，叙述就需要在地理空间上有一些固定的地点做支撑。另一方面，这些地点不应该是孤立的，它们应该通过图中的线条被联系起来。

第二百六十六条

在1分钟或1小时内说出多少不熟悉的名字，这不是一件无关紧要的事情。学生是在理解了地图所呈现的画面之前还是之后说出这些名字，这也不是不重要的。首先要做到的是，每一张置于学生面前的地图应该作为一个国家的地图来介绍；三条（最多四条）河流的名字，再加上几座山脉的名字，这些就足够了；说得太详尽在这里是不合适的。教师所讲到的一些名字就提供了足够的机会来让学生在地图上确定一些著名地点的位置（在确定的时候，不但要依据这些地点相互之间的位置关系，而且要依据它们和国界线之间的位置关系）。

适当地突出了这些地理特征之后，接着就应该把它们联系起来（比如说借助于黑板，把它们粗略地依次画在黑板上，然后恰当地连接在一起）。至于河流的源头与河口，可以用一条线连接起来，以指出河流的水道。如果现在学生已经能够很好地利用他们的双眼去观察，尤其是如果他们已经注意到溪流与河流的落差，已经观察到一个特定地区的地面的坡度（如果他们还没有观察到这些，则首先必须让他们进行观察），那么此时就可以让学生对呈现在旅行者眼前的那个国家的景象进行一种综合性的描述，此时进行这种描述并非为时过早。然后就到了稍微更详细地说出河流与山脉的名字的时候，但是这些名字必须让学生重复多遍。这样做能够显示出新的名字的目录是否太长；如果地理学习显得无效或者很麻烦，那常常主要是由于这方面的疏忽。下一步可对一些特定的自然奇观做详细的描述。然后要注意某些主要的城市，提及居民的数目。这时又要确定相对的地理位置，学生的主动性在这里是必不可少的。最后，与一个国家的产品有关的工业和技术，这时就可以讲到了，同时还可以讲一点学生能够理解的政治体制方面的知识。一些省份的名字通常应该从第一种课程中删去。

【评注】这一部分内容使我们联想到上世纪后半叶旧的地理学——地理位置、一些地名、地图和一些缺乏科学细节的东西。地理学是比它们的内容更丰富的一个学科。在以前的观念中，地理学是政治性的。第一次突变把地理学变成了自然地理学，最后一次突变则把地理学变成了社会地理学。地名就其本身而论，并没有什么意义，自然环境也没有更大的意义，但是它们一旦与人（即人的生活、人的工作以及人的娱乐活动）发生关系，就具有了价值。从本质上来说，地理学并不是对一些地方的定位，也不仅仅是自然地理学，它是关于地球表面的一些基本情况的研究，因为这些情况与人类自身有关。总之，从最充分的意义上来说，地理学是人类的地理学。它给予文明一种具体的解释；它说明商品的生产和交换，在某种程度上还说明商品的消费。它与其说是通过有多少平方英里的面积去对比国与国之间的情况，不如说是通过有关国家所拥有的铁路长度的英里（1英里=1609.344米）数去对比国与国之间的情况。（近代文明最重要的成就是铁路。仅在美国这一个国家中，对铁路的投资就达120亿美元。考虑到这些事实，对于那些近来的地理书我们还能说些什么？这些地理书使得儿童花费好几年时间去深入思考早期的地图，而这些地图上却没有提到一条铁路。这说明了糟糕的教育是如何落后于社会进步的。）

第二百六十七条

复习应该是经常性的，它必须稳定地使地名和地点之间的联系越来越牢固。每个地名都应该指向它所标示的地点，因此，教学时地名的顺序必须经常颠倒，而且要让学生对地图上的一切方向和角度都非常熟悉。此外，还应该依据学生的个人能力对教学内容做出安排。对于某些学生来说，只要求他们掌握最基本的知识即可；而对于另外一些学生来说，则应当要求他们掌握更多的知识，以促使他们做出应有的努力。

第二百六十八条

相较于其他更受重视的一些学科，地理通常被学生轻视，有的时候甚至被教师轻视。这种态度应受到严厉的批评。地理教学可以被缩减到最低限度，第一种课程甚至要求这样做，但是它不应该被轻视。对于许多学生来说，地理教学使他们第一次意识到，他们能够像所要求的那样去学习。对于所有学生来说，地理必须与其他学科联系起来，并且必须使其他学科联结在一起。没有地理教学，任何知识都是不稳定的——历史事件就缺乏地点和时间上的距离感，自然物产就没有了产地，通俗的天文学就丧失了其真正的基础（有时教师会要求学生用这种天文学去防止和消除一些错误的想法），一个人的几何想象力就丧失了其最重要的刺激物。如果允许真实的知识以这种方式四分五裂，就将危及整个教育。

第五章　母语[1]

第二百六十九条

如果人们对现有的差异给予了应有的关注，那么关于语言教学将不会有较多的争论。

最一般的区别是理解和说话之间的区别。当有规律的教学开始的时候，这两者之间的差距是一个特定的因素。在某些情况下这种差距很大，而在另一些情况下这种差距又很小。

第二百七十条

首先，一个人的语言是通过听、从别人那里接受和模仿而学得的；语言或是文雅的，或是粗俗的；语言或被人准确地理解，或被人模糊地理解；语言或被好的嗓音模仿，或被不好听的嗓音模仿，或被一般的嗓音模仿。如果有教养的人树立一种日常的榜样，并且坚持矫正儿童的说话方式，那么儿童在最初阶段所形成的语言缺陷就会逐渐被消除。可是，有时要花费数年时间才能取得这样一种效果。

第二百七十一条

另一个因素（它深深地根植于个性之中）就是那种想要通过语言去表达的或强或弱的冲动。这种情况就增强了每个人的语言的作用，它不再只是一种模仿；语言的改进必须从它试图要表达的思想出发。在青春期的时候，这种改进常常是显著的。

【评注】在这一部分和前面两部分的篇幅中所关注的差别是心理上的，因

---

[1] 这里指德语。——中文译者注

此这些差别是德国和美国的儿童所共有的。教美国儿童学习他们的母语（假定是英语）这件事情，相较于教德国儿童学习德语这件事情，可以说既更困难，又更容易。一方面，学习英语更容易，这一点通常是确定的，因此也不会受到语法形式上的一些细微差别的妨碍。另一方面，这同样的情况又会引起一些教学上的困难，因为让多数教师感到困惑的是，他们应该或者能够把什么样的确切的知识传授给儿童，从而训练他们说好英语。在过去20年中，一些研究者已进行了许多实验，它们努力提供一些信息和练习，希望使儿童在母语方面得到一种良好的训练。由于该学科固有的困难，所以这些努力只是部分地取得了成功。如果有一个克服困难的活动的支点（诸如在形式上曲折变化的外语词汇中或者在外语词汇的含义中可以发现的那种支点），许多人是能够教授一门外语的，但是当这些人碰到一种特别的语言时（这种语言在形式上没有太多的曲折变化，并且它的词汇又很容易理解），他们就不会讲课了。

旧的求助对象是专门性的语法。但这是一种分析的学习，它力求去理解精细的含义，而不是为了正确的形式去做出一种反应。而且，直到说话的习惯完全固定之后，人们才能够成功地学习语法。出于这些原因，语法还是要与生活的语言相称，形式逻辑则要与真实的思维相称。语法使头脑变得敏捷，以察觉言语中形式上的错误，正如逻辑能够训练人去察觉推理过程中的谬误。

在小学低年级，学好英语的头等重要的方法就是教师的讲述和学生的复述。这就意味着，要真正培养任何一个儿童说话的能力（不管这个儿童是来自贫民窟，还是来自不懂英语的家庭），其做法极少会完全符合所谓的效率一说。教师预先形成了这样一种信念，即他们必须使学生学会书写良好的英语，但他们忘记了，如果学生的头脑首先习惯于用好的英语去思考，那么英语书写的问题几乎就解决了。在母语学习中，成功的口语训练的必需品，首先是选择一批有趣的、适当的文学作品，其次是教师的讲述技巧。假使在这两个方面中，我们首先有了极其充足的文学作品，那么每个儿童经过一年的训练，都将能够在他的思想所涉及的范围内持续地和正确地说话，并且这种口头表达能够达到几乎不受限制的程度。儿童对于自己经常听到的用词形式会有很强的记忆，并且他也乐于几乎逐字地复述自己所亲耳听到的那些故事，这种记忆和复述将使儿童在正确说话方面变得非常流畅。书面写作似乎也可以达到最好的程度，但是情况很可能是这样：如果不要求一个儿童在10岁或12岁之前写作文，也不会有很大的损失。如果我们确信他能够进入中学学习，正式的写作可以推迟到他进中学以后再开始。在自然的阶段到来之前试图制造果实，总是得不到多少东西。[1]

在这种正确的口语训练的基础上，儿童在9岁或10岁时就可以开始学习系统的语言课程，此时应该力求达到两个目标：首先是能够用笔流畅地记录人的思想，特别要小心避免由于过度延长书写练习的时间而使儿童身心疲劳；其次，通过简短的书面练习，使儿童学会用一种归纳的方法去认识专门性的语法的分类和区别。为了达到效果，应该清楚地理解这后一个要求。归纳法纯粹是综合性的。它在于通过一些手段使学生能够重复地使用一种特定的句法结构（例如关系代词），直到概念的名称和句法结构已经被单独使用得很自然时为止。[2]

在13岁或14岁时，语法的分析学习应该开始了。此时，基本的事情是学生应该把词汇和他们所表达的观念联系起来，把句子和它们所代表的思想联系起来。[3] 学生如果能够清晰地发现人的内心的区别，那么他们在书面或口头的表达上就不会有大的困难。

---

[1] 这里指不能揠苗助长。——中文译者注

[2] 关于这一点的详细说明，参见：《注释者的语言课程》（*Annotator's Language Lessons*），沃纳教科书出版公司（the Werner School Book Co.），纽约、波士顿和芝加哥。——评注者注

[3] 对于这一见解的最好的举例说明，参见：乔治·P. 布朗（George P. Brown）先生的《英语语法纲要》（*Essentials of English Grammar*），沃纳教科书出版公司，纽约、波士顿和芝加哥。——评注者注

第二百七十二条

现在这样的事实似乎暗示了以下的结论：对于母语而言，无须安排一个专门的时期去进行教学，或者至少无须安排单独的语言课程。一方面，也许应该极力主张，有修养的教师可以通过他们纯粹的例子以及偶尔对学生语言学习中的错误的纠正（这种纠正当然是必要的）去提高其学生的语言水平；另一方面，心理发展的逐渐推进将从内部形成表达的方式，并把个人的能力发展到自然的顶点。但是，在接受这里所提出的观点之前，我们需要首先提醒自己：在很长的时间里，没有教养的学生不能完全理解有修养的教师；并且对于所表达的每一个不常见的措词，如果都需要将其意思弄清楚，那么教学工作就会受到很大的妨碍。

第二百七十三条

但这还不是事情的全部。语言也应该包括读和写。因此，它就成为一个供人们考虑的固定的对象。如果一个人语言知识贫乏，那么语言就会成为一种让他感到为难的东西。因此，教师要做的第一件事情就是要在阅读或书写的基础上，通过分析表明，如果单个的词语被互换，或者错误地选择了变化的词尾（尤其是在德语中），那么原来的意思就会丧失或者改变。接着应该注意句子的综合，逐步地推进到学习更为复杂的复合句式（尤其是采用各种各样的连接词），以上这些应该是众所周知的。

第二百七十四条

现在，如果所有的学生在阅读和书写过程中都经历了同样的困难，那么开展一种补救性的语言课程在各种情况下都会被人接受，并且在各地都会被恰当地推行到同样的程度。

但是在这里，最大的差异出现了。因此，如果有许多学生在一起上课，教师就应探索把语言学习和其他学科联系起来。这样，在同样是叙述性的课程中，对于某些学生来说，分析教学可以着重于语言方面，而同时对于其他学生来说，分析教学可以关注更广泛的范围。此外，配套的书面练习可以具有一种相应的差异性。

第二百七十五条

通过引入大声朗读和口头复述的练习，叙述性的功课将被进一步地多样化。但是，我们绝不可能把所有学生的学习都提高到同样的熟练程度。首先，在这里，个性的决定性力量必须被承认。

第二百七十六条

对于年纪大一点的男孩子和年轻的男子来说，母语的功课一部分在于学习各种各样类型的诗歌和演讲稿的优秀范文，另一部分在于文章的写作。范文越完美，越适合学生业已达到的文化程度，教师越注意避免把与学生的性格不相合的文学情趣强加于学生，这种学习就越有益处。所有书面练习中最困难的是书信的写作。每个人都能够写私密的信件，但是每个人都有他自己的写法。最好的书面练习一定具有一座丰富的思想宝库供人汲取营养，并且容许有各种各样的写作方式。那么若干人可以就一个相同的题目写文章，互相竞赛，而随后的修改过程将会激起更大的兴趣。

第六章　希腊语与拉丁语

第二百七十七条

众所周知，通过对母语与拉丁语和希腊语的比较，我们可以非常清楚地说明语法上的区别和许多表达的措辞特征，而依靠这些区别和特征，语言可以成为思想的一种适当的象征。即使对于不超过 8 岁的孩子来说，教师也可以试图在英语的教学中利用这种好处，而不管是否已经最后决定这些孩子将会正式学习古典课程。某些孩子不用费多大力气就能把拉丁语的变化形式学习到足够的深度，于是他们很快就能够把一些短的句子从母语译成拉丁语，也能够把句子从拉丁语译成母语。

【评注】在德国，目前的计划是让学校中的孩子在 10 岁开始学习拉丁语。这种学习将持续 9 年的时间。学生 13 岁开始学习希腊语，持续 6 年。在美国，普遍的计划是把拉丁语的学习推迟到学生在 14 岁或 15 岁进入中学以后再开始；好的私立学校和许多城市里的文法学校允许儿童在 12 岁或 13 岁时开始学习拉丁语。在全国教育联合会（National Educational Association）于 1899 年建议适当地把中学的课程扩大到文法学校的最后两年之前，《关于大学入学的必要条件的报告》(*The Report on College Entrance Requirements*)已提出实行一种六年制的中学课程。对于那些希望进入大学或技术学校学习的学生来说，这种计划提供了很大的好处，因为它允许把作为大学前期准备的中学学习分布在六年中进行，而不是被浓缩在四年中进行。

第二百七十八条

可是，这一试验将不会长期地继续下去，因为就大多数学生来说，学习困难的积聚如此迅速，以至不可避免地导致人们承认：不能仅仅为了一些附带的好处而去承担这样的负担。此外，就古典语言和科学以及时代的需求之间的关系而言，从宗教改革时期传下来的习惯性看法正在一个十年又一个十年地经历着一种越来越明显的变革。现在，只有当天才与那种想要取得最完美的学识的最诚挚的目的结合在一起时，在古代语言的学习中投入的劳动才是值得的。

【评注】这段陈述预示了自从赫尔巴特的时代以来科学的教学得到的巨大发展，而在美国的学校里，拉丁语也已经得到了很大的普及。根据《全国教育署署长的报告》(Report of the National Commissioner of Education)，1890—1898年中学入学人数增加了84%，而与此同时学习拉丁语的学生人数增加了174%。[1] 学习古代语言的人数的这种惊人的增长几乎不能用大学入学考试对拉丁语的要求提高这一点来说明，倒是必须被归结于人们越来越确信接受中等教育是必不可少的。情况必定是这样，通过相关的情况就可以理解这一点。首先，在几乎所有的中学里，拉丁语已经成为一门选修课程；其次，学校提供许多与之同样有意义的课程（包括自然科学和现代语言方面）；最后，我们普及初等教育的制度已经把各社会阶层的学生送入了中学（而这种情况以前是没有过的）。然而，选择学习古代语言的学生人数极为迅速地增加着。

【注释】（1）人们经常听到这样的主张：古代语言提供了一种固定的标准来评价现代语言的进步或衰退，并且古代的经典著作必须被看作为写作风格的纯洁和优美提供了范例。不能否认，这些主张以及类似的论点是正确的，并且它们的影响极大，但是它们不是教育学的主张。它们包含了一些绝对的要求，但并不是较为年轻的学生学习文化所需要的；大多数想要使自己能够担任官职的学生不可能同时使自己成为语言和写作风格的守护人。他们必须以务实的态度来对待语言，必须学到适合于实际事务的表达方式。那些更高层次的考虑属于作家的事情，但没有人是被教育成作家的。

（2）以下是一种熟悉的看法：如果古代语言的学习较晚一些开始，那么困

---

[1] 贝内特（Bennett）和布里斯托尔（Bristol），《拉丁语和希腊语的教学》(The Teaching of Latin and Greek)，朗曼与格林公司（Longmans, Green & Co.），纽约，1900。——评注者注

难会变小，学生的学习能力会更强。然而正相反，学生的年龄越大，他的思想趋于封闭的倾向性就越强。记忆的功课必须及早开始，尤其是当所记忆的事物的充分利用完全取决于所达到的熟练程度的时候。为了使古代语言的学习慢慢地向前推进，并且避免来自教育学以外的压力，这种学习必须及早开始。假如孩子的其他任务从教育学上来说以正确的方式加以安排，那么一周四课时的拉丁语学习就不会使一个健康和聪明的孩子受到伤害。先学现代语言，那是本末倒置。不管怎样，用一对一的法语和英语来表达与日常生活有关的东西是非常有用的。它们对于学习发音是有用的，但是仅仅学习几个短语并不构成语言的教学。

第二百七十九条

在有的地方，古代语言被看作一种必要的或习惯性的教学内容，但教师又不重视教育学方面的考虑，鉴于这种情况，在这里就无须讨论古代语言的教学方式。但是，同时必须承认，没有什么教育学的手段可以帮助那些只对现代感兴趣的人学到古代著作的内容（获得真正同样的感受）。

【评注】在估计拉丁语对于中学生的价值时，相较于古典作品的文学内容，美国的教师更重视母语的训练。贝内特（Bennett）教授在他的《中学拉丁语的教学》（*The Teaching of Latin in the Secondary School*）一文中强调青年人应受到极好的语言学训练（由好教师来教这门课）。[1] 在德国，自从赫尔巴特的时代以来，罗素（Russell）教授告诉我们，拉丁语的教学已经在两个目标之间摇摆不定："一种观点把学习古典著作看成一种纯粹的形式训练，另一种观点则把这样一种学习的价值建立在获得人文主义文化的基础之上（即通过与'古代最好的人的最好的思想'的接触而获得人文主义的文化）。前一种情况把学习古典著作的重要性等同于为所有的职业和专业做准备的一种手段（而从事这些

---

[1] 贝内特和布里斯托尔，《拉丁语和希腊语的教学》，第11—32页，朗曼与格林公司，纽约，1900。——评注者注

职业和专业要依赖理智的敏锐性）；在后一种情况下，学习古典著作仅仅对于以下这些人才有价值，他们实际上能够运用所学到的专门性的知识，或者可以有足够的闲暇时间去欣赏古典著作的艺术特性。这里的问题是：是应该使古代文献成为达到一种目的的手段，还是把学习古代文献本身作为一种目的？"[1]

把形式训练作为教育过程中的一个主要目标，这样的意见最不被赫尔巴特学派接受。对于形式训练的正确与否，金斯戴利（Hinsdale）教授做出了一种审慎的评价。[2] 他的主要结论如下：

（1）对于形式训练的重要程度而言，教育所培养的能力是笼统的，这种程度取决于训练能够给人的头脑提供多少能量，尤其是取决于训练方式有多么恰当。

（2）这种训练所培养的能力更多的是一种特殊的能力，而非一般性的能力；只是在一种有限的意义上，可以说我们能够拥有许多可迁移的心理能力。

（3）没有一种脑力训练——几乎没有——能够开发全部的智力。

（4）没有一种学习（没有单一的学科群）能够包含整个教育的可能性。

另一方面，美国的学生很少有人学习古典著作到这样的程度，即足以熟练地掌握古代作家的写作内容。在很大程度上，如果形式训练的观念是一种虚妄的观念，并且一种广泛的、人文主义的文化的观念是美国中小学校长的一种幻想，那么我们就必须根据其他的理由来为拉丁语的学习进行辩护。由学习拉丁语而产生的语言学方面的好处是明显的和明确的。在这些好处中间，首先是掌握母语，起初是通过比较学习（由于要进行翻译，因此有必要进行这种学习），然后是通过大部分英语词汇的词根的学习，此外更间接的则是通过拉丁语去了解历史和机构的活动。

在拉丁语的学习中有一个非常重要的好处（虽然通常不会被人说起），那

---

[1] 罗素，《德国的中学》（*German Higher Schools*），朗曼与格林公司，纽约，1899。——评注者注

[2] 金斯戴利，《教育研究》（*Studies in Education*），第46—61页，沃纳教科书出版公司，芝加哥，1896。——评注者注

就是作为一种教育的手段，它具有特别的用处，在学习过程中，它把那些可以克服的困难按照不同的等级程度呈现给学生。在这方面，只有数学的作用能够超过拉丁语。在这里，好的教育手段和坏的教育手段之间的差别在于，一种学习，如果不能提供一些可以克服的障碍，就是一种不好的教育手段，因为学生不能找到一个支点来发挥他的智力。因而，当引导学生去观察一个自然物体的特征时，他可以盯着这个物体，但是当我们没有把一个需要思考的问题呈现在他的面前时，他会发现思考是一件很困难的事。但是，如果一种学习涉及需要思考的问题，并且这些问题是明确的，也是可以解决的，那么这种学习就是一种好的教育手段，因为学生可以找到某种开展活动的东西，找到一个支点去发挥他的能力。古代语言的翻译可以锻炼一个学生的工作能力，直到把其能力的最大功效发挥出来，因为10个句子的翻译可轻易地提供1小时的最艰苦的工作；如果10行文字做不到这一点，那么更多的文字将可以做到这一点。当一种外语不能再提供这种可以克服的困难时，我们就会舍弃它，转而去学习那种确实能够提供那些可以克服的困难的东西。

第二百八十条

从教学法的角度来考虑，对古代所具有的生动认识的程度不同，对古代的认识及其与其他主要知识范围的相互联系的程度不同，针对学校上课期间单调乏味的学习有可能产生的令人讨厌的感受的预防程度的不同，所有这些差异决定了学生所获得知识的价值的大小。如果不懂古代语言，也没有早期所获得的印象的帮助，却能够获得对古代的同样的认识，那么前几章所提到的学习就将是完美无缺的了（前几章略述了市民学校的工作）；文科中学里古代语言的学习是一种必然的弊病（同时有人也会高度赞扬这种学习所带来的好处）。

第二百八十一条

但是，单靠语言是很难给孩子提供以往时代或前人的形象的；对于孩子来说，这些不同的语言只是教师强加给他们的困难的任务。重要的格言、寓言和短篇的记叙文都不能改变孩子的态度。因为，即使这些格言、寓言和记叙文适合于年轻人的头脑，它们实质上也不能抵消学生对一些学习任务的反感（这些学习任务包括必须记住词干、必须通过练习去熟悉语言的变化形式，还要按照要求在复合句的学习过程中学会把连接词作为引导词）。

对于古代语言的教学而言，古代史（见第二百四十三条、第二百四十六条）是唯一可能的基础。

第二百八十二条

目前看来，以下这一点是真实的，即如果首先开始学习拉丁语，那么把尤特罗庇乌斯[1]和科尼利厄斯·尼波斯[2]的作品作为学习材料是适合的，只要学生先前已学过与母语教学有关的拉丁语最基础的知识就可以了（见第二百七十七条）。假如教师通过讲述让过去的事情呈现出来，那么使用以上两人的作品就完全无可指责了。但是众所周知，这些作品毕竟有很多不足之处，而且除了它们以外，我们在何处独辟蹊径仍然是一个悬而未决的问题。

第二百八十三条

选择荷马的《奥德赛》（Odyssey）作为学生早期学习材料的原因是人们所熟知的。[3]只要每个人仔细阅读《奥德赛》，同时关注各种各样主要的兴趣（教学就是要激发这些兴趣），那么他就能理解这些原因（见第八十三条至第九十四条）。但是，所涉及的问题不仅仅是直接效果的问题，还涉及如何找到

---

[1] 尤特罗庇乌斯（Eutropius），公元4世纪后期罗马帝国晚期的历史学家。他用拉丁语撰写的《罗马国史大纲》是其唯一传世的作品。——中文译者注

[2] 科尼利厄斯·尼波斯（Cornelius Nepos，约公元前100—公元前25），古罗马传记作家，代表作有《佩罗皮达斯传》等。——中文译者注

[3] 这些原因不适用于《伊利亚特》，仅仅适用于《奥德赛》。此外，此处假定宗教感情事先早已经被充分地激发起来了。在那种情况下，虚构的成分不会伤害任何东西，这是因为，如果说它们与宗教感情不协调，那是由于它们给人的印象显然是令人反感的，但它们不可能导致过分错误的观念。——评注者注

后面阶段的教学的出发点。除了依靠荷马的故事来确立一种对于古希腊的兴趣，对于古代史的教学就没有更好的准备工作可言了。同时，这样做也可以为审美能力的培养和语言学习打好基础。

出于这一类的原因——它们直接源于所有教学的主要目的，只是受到传统（古典作家的传统做法）的反对——语言学家在某个时候将不得不听说（即使他们不愿意听说），随着历史和自然科学的重要性不断增加，随着追求物质利益的压力不断增大，学校里希腊语的学习将被逼入困境并被缩减，类似于希伯来语现在已经碰到的情况。（几十年前，除了那些打算学习神学的学生以外，学校几乎允许所有的学生都不学习希腊语。）

当然，《奥德赛》不具有神奇的力量，对于那些没有任何语言学习天赋的人或者不认真学习的人，《奥德赛》不会对他们产生激励的作用；然而，就像许多年的经验所表明的，从一定的教学效果来说，《奥德赛》胜过我们可选择的古代的其他任何作品。此外，《奥德赛》的学习不妨碍早先已开始的拉丁语的学习（甚至也不妨碍希腊语的学习，尽管看起来必然会有所妨碍）；因为《奥德赛》要求每天学习1小时，并且有语法和词汇方面的功课。

经验已经证明，对于有关名词、代词、形容词的词形变化和动词的词形变化的语法基础知识必须首先加以仔细检查，尽管这些知识已被缩减为确实必不可少的那些内容。而且，最初学习《奥德赛》的功课每次不应超过几行文字；并且在最初几个月中，不应该要求学生准确无误地背诵单词。但是再往后，对于词汇的学习必须极为严格地予以要求；事实上，这种学习将成为学生最必要的附带的功课。学生在这方面通过持续的努力，将逐渐获得全部词汇中的很大一部分；各种语言形式是用相应的内容来提供的（语言形式涉及这些内容），并且通过这些内容，形式才变得具有意义。教师必须确切地知道，何时要讲得快，何时要停下来；因为任何可以觉察得到的熟练程度的提高都很可能诱使学生产生某种漫不经心的情绪，而这种情绪需要立即被制止。对于好的学生来说，阅读整本《奥德赛》不是不可能的，因为到最后学生的熟练程度提高得非常快。不过，这种学习不应超过两年，否则就会开始使人感到厌倦，或者把本应用于其他事情的时间也占用了。在学校里，恰当的做法是指定一个年级学习《奥德赛》最前面的四篇（该年级多半由 9 岁或 10 岁的学生组成），下一个年级开始学习第五篇。没有必要确切地决定每一个年级应全面掌握几篇的内容，因为可以用好的译本去填补相关内容的空白。只要更仔细地审视《奥德赛》，以上这种区分的原因将是容易明白的。某些篇章可以让更高年级的学生以后自己去阅读，但是应该要求他们汇报自己正在从事的学习。在这一阶段，没有必要详细解释荷马语言的一些不常见的特色。这些内容的讲授可以适当推迟，直到以后在课程中重新开始学习荷马的作品（《伊利亚特》）时再去讲。有的教师害怕那些与以上所提的计划相关联的困难，但是他们应该提醒自己记住以下这一事实：想要通过其他任何途径推进教学工作，同样会遇到困难。当学习荷马作品的时候，应该注意防止学生同时受到诸如那些来自《一千零一夜》[1]的故事的影响，因为它们会削弱好的感觉。

第二百八十四条

只有两位诗人、两位历史学家和两位哲学家需要被提及，以继续这一课程。荷马和维吉尔[2]，希罗多德和凯撒[3]，柏拉图和西塞罗[4]。还有哪些人物的位置应该先于这些人，或者应该介于这些人之间，或者列在这些人之后，可以视情

---

[1]《一千零一夜》(*Arabian Nights*)，旧译《天方夜谭》，古代阿拉伯民间故事集。——中文译者注

[2] 维吉尔（Virgil，公元前 70—公元前 19），古罗马诗人，著作有《牧歌集》(*Eclogues*)、《农事诗》(*Georgics*)、《埃涅阿斯纪》(*Aeneid*)，对欧洲文艺复兴和古典主义文学产生了巨大影响。——中文译者注

[3] 凯撒（Gaius Julius Caesar，约公元前 102—公元前 44），古罗马政治家、军事家，因撰写了《高卢战记》和《内战记》，也被称为历史学家。——中文译者注

[4] 西塞罗（Marcus Tullius Cicero，公元前 106—公元前 43），古罗马哲学家、政治家、演说家。代表作有《论国家》(*On the Commonwealth*)、《论法律》(*On the Laws*)、《论神性》(*On the Nature of the Gods*)、《论演说家》(*On the Orator*) 等。——中文译者注

况而定。色诺芬、李维、欧里庇德斯、沙福克勒斯和贺拉斯[1]很可能始终在上述那些人旁边保持一种地位；尤其是贺拉斯提供了简短的格言，教育者绝不应该低估这些格言在以后的影响。显而易见的是，一方面，先学习荷马的作品，再学习维吉尔和希罗多德的作品就变得更容易了；另一方面，如果仅仅是为了了解神话——就像出于注重实效的学习这一目的回过头去学习古代史那样（见第二百五十条）——那么在成为青年的时候再回过头去学习荷马的作品（学习《伊利亚特》）就是不必要的了。还有，让学生在学习散文家的作品之前先学习诗人的作品，要是这样做的话，古代语言的句法配合（它们所涉及的困难远大于语言变化形式和词汇的困难）就更容易掌握，因为这样就不会迫使学生去同时克服句子结构的全部困难。无论如何，值得指出的是，正像学生的希腊语词汇是通过学习《奥德赛》而增加的，学生的拉丁语词汇应该来自《埃涅阿斯纪》。可是，《埃涅阿斯纪》几乎读不完，因为不能用几乎像阅读《奥德赛》后面几篇那样快的速度来阅读《埃涅阿斯纪》（在阅读《奥德赛》时，学生已经达到很熟练的程度了）。对凯撒的《高卢战记》（*Bellum Gallicum*）必须特别仔细地加以研究，因为对于学生来说，它的风格比学生所学习的其他作者的作品更接近于一种合乎需要的拉丁语的基本样式。在这些作品已经学完之后，作为功课的主要环节之一，严格系统的教学和背诵拉丁语的句法（加上挑选出来的简洁的例子）就是适当的了。就柏拉图来说，《理想国》的几卷（特别是第一卷，第二卷、第四卷和第八卷）设定了一个吸引人的目标。几乎不需要提及的是，应该首先从西塞罗光辉的一面（即作为演说家）去向青年人介绍他。以后，他的哲学著作将变得重要起来；但是许多时候需要对有关话题更充分地加以展开，而不是仅限于阅读原著。

教师应该经常大声地读（或者更确切地说是朗诵）西塞罗的作品。一位演说家需要充满生气的嗓音；学生平淡的、没有抑扬顿挫的诵读就不像西塞罗的

---

[1] 贺拉斯（Horace，公元前65—公元前8），古罗马诗人、批评家，著作有诗体长信《诗艺》（*Ars Poetica*, *The Art of Poetry*）等。——中文译者注

声音。至于在学校里是否要学习塔西佗[1]的作品，还存在不同意见。一般而言，言简意赅的作者特别受欢迎，不仅受到上课教师的欢迎，而且受到敏感的学生的欢迎。西塞罗的情况则相反，为了正确地评价西塞罗，对他的作品必须快速阅读。

【评注】想要阅读有关拉丁语课本的更充分的讨论意见，读者可以查阅贝内特教授的《中学拉丁语教学》[2]的有关章节（第111—130页）。有关希腊语课本的讨论，可以参阅布里斯托尔教授在同一卷书中的阐述。

第二百八十五条

经验在很久以前就已经表明，我们在学生的希腊语和拉丁语写作方面能够做些什么，永远也发明不了一种方法，能够促使学生的智力更早地成熟（即高于现在的成熟程度，而这种智力的成熟会在一种良好的拉丁语的写作风格中表现出来）。只要文科中学的学生不再像现在这样是被挑选入学的，那么就拉丁语写作而言，多数学生的学习将永远不会成功。更好的做法是，勤奋地练习那些能够掌握的东西，也就是说，在课堂复习期间通过教师的帮助练习写作，过后就教师布置的功课和同学进行合作学习。这种方法的好处是学生可以学会指定的文章，同时不会产生无数的错误，因为学生很少能够记住对错误的纠正。共同学习是有趣的，能够适合于任何年龄的学生。教师应该推荐一些先前已经讲解过的拉丁语课文（来代替一些文章），让学生写课文的摘要。这些摘要的写作起初应在相关书本的帮助下进行，后来则应脱离书本的帮助。写摘要并不意味着模仿，也不应该是模仿。模仿西塞罗需要有西塞罗的才能，除非有这种才能，否则模仿的企图将导致一种完全不自然的状态（应该注意这一点）。

---

[1] 塔西佗（Publius Cornelius Tacitus，55?—120?），古罗马历史学家，曾担任古罗马长老院议员，主要著作有《历史》（*Histories*）和《编年史》（*Annals*），今仅存残篇。——中文译者注

[2] 贝内特和布里斯托尔，《拉丁语和希腊语的教学》，朗曼与格林公司，纽约，1900。——评注者注

即使是凯撒的作品，也并不简单，他的写作风格不是能够轻易地教和学的。但是凯撒作品中的许多段落是可以记住的，学生可以起初记住一些短的句子，然后记住长的复合句，最后记住整章的内容。这种练习的实用性已得到经验的证明。

第七章　教学论的进一步明确说明

第二百八十六条

教学理论的更为精确的结论取决于教学的特定科目的性质，取决于学生的个性，取决于道德生活的外部条件。

第二百八十七条

如果所要达到的目的是学习技术知识和多种多样的学术性知识，那么每一种学科都要学得彻底，而不考虑其他的东西。这就是国家的态度，这要求许多人接受特殊训练，他们一起组成一个高效的整体。因此，政府传播知识并且建立学习机构，除了有关未来官方所任命的人员之外，政府不过问有哪些人利用了国家所提供的学习机会。

第二百八十八条

另一方面，家庭则关注个人（实际上也是如此），家庭必须秉持教育学的观点，根据这种观点，每一个人都应该把他的能力发挥到极致。最重要的是，家庭应该理解这种区别，并且因此而不关心个别成绩如何，而是关心个人所能够达到的整个文化修养的程度。

第二百八十九条

与前文紧密相联的是兴趣和技能之间的差异。可以强迫学生去获得各种各样的技能，但是当缺乏相应的兴趣时，这种技能对于一般的文化而言就没有价值。

关于教学的早期阶段的结果，人们已有较高程度的认识，但对于这种认识有许多无缘无故的批评和许多缺乏正当理由的假设，而坚决承认兴趣和技能之间的区别就是对这些批评和假设的一种充分的回答。有人指责说，这些教学的结果是不充足的；如果把它们更早一些转变成做事的能力，就会取得更大的进步。但是，当兴趣尚未被激发起来的时候，强迫学生去获得技能不仅没有价值（这的确会导致缺乏思想的机械的活动），而且确实是有害的，因为这样做会损害学生的思想态度和心理倾向。

第二百九十条

学生的个性是否能够不受伤害地忍受压力（熟练操作的训练必然会有压力），这是一个问题（除非通过实验，否则这个问题有时还不能解决）。阅读、算术和语法是人们所熟悉的例子。

第二百九十一条

教学越完善，它所提供的机会就越大（这种机会让我们对那些同时接受教学的学生的优缺点进行比较）。这一点对于教学的继续和训练都很重要；因为教师对缺点所产生的原因的了解是依赖它的，而训练则必须克服这些缺点。

第二百九十二条

道德生活可以依附于人的世界观；相反，它也可以在一种非常狭窄的思想范围内展开。现在，外部环境通常会对教学有所限制，然而教学的范围不应该过于狭窄，在各方面应更加宽泛一些。否则学生就将始终出现以下这种不好的情况：夸大他自己的重要性，夸大那些与他关系密切的人的重要性。

第二百九十三条

一般说来，要拓展人的眼界，使他能够看到过去，这比仅仅使他看到现在要更加困难。因此，在对女孩子和低年级的孩子进行教学的过程中，要更突出地理以及与地理有关的内容，而少讲一些历史知识。还有，在有必要缩短课程的情况下，考虑这里所讲的差异也几乎是必然的。但是相反，当教学的范围应该很广泛的时候，历史学科必须受到更多的关注（因为学习历史更困难一些）。

第二部分 学生的缺点及其纠正

第一章 一般的差异

第二百九十四条

某些缺点是与生俱来的；它们是学生个性的一部分。其他的缺点是经过一定的时间后才产生的；而且在这些缺点中，有一些更多地受到个性因素的影响，其余的则受其影响很小。对于学生所犯的错误在这里暂且不做评判。随着年龄的增长，某些固有的缺点将变得明显起来，其余的则会消失。因为，人从经验所得到的认识、那些自发形成的观念、那些趋于稳定的观念群这三者之间的关系是不断变化的。而且，各种各样的复制[1]也在不断地、接连地产生变化。所有这种变化充满了人对于自己身体的意识（身体是自我意识最初的支撑基础），这种意识不仅与身体的需要有关，而且与身体的行动能力以及身体活动的合理性有关。还有，类似的领悟正在增加；有关一些事物的观念接近于一般的概念。另外，判断的过程正在不断地加工所得到的材料。因此，个人分析和整理其知识的方式就逐渐地固定下来。一方面，对于一些主张的信心在增长；另一方面，一些问题仍然存在，对这些问题的回答留待未来去做出。在某种程度上，对这些问题的回答转变为一种期待。

对于所有以上我们列举的东西，个人的身体组织都将产生抑制和促进的影响。身体的影响被看作对自然过程的一种必然的生理抵制，也被看作强烈的身体刺激，无疑，它远比普通经验所显示的说法更复杂。

---

[1] 主要指人对客观事物的认识。——中文译者注

第二百九十五条

我们常常会意识到，对于那些经历过命运的许多变化的人，我们仍然可以通过其个人的一些特性去认识他们（这些特性在青年时期就已经很显著了）。他们在特有的方式方法上显示出一种必然的一致性（这些人是无意识地用这种方式方法去获取和整理各种各样的印象的）。教师为了对其学生得出一种恰当的判断，应该尽可能早地观察这一固定的要素。

有些学生总是知道恰当的时机，知道这种时机引导他们往何处去；他们总是履行最直接的责任，他们所掌握的大量知识完全是统一的。其他学生专心于思考，沉溺于一些希望和担忧，沉溺于一些计划和方案；他们生活在过去或未来，不愿受现在的打扰，他们需要花时间和精力使自己回到现实中来。在以上两种学生之间还可以发现其他类型的学生，他们确实关注已知的事实和现状，可是并不按照事物的本来面貌去对待它们，而是往更远处看，其目的是发现它们背后隐藏着什么，或者是为了动摇它们、取代它们和干预它们，也许是为了歪曲它们、嘲笑它们和用漫画表现它们。在许多人看来，以上所描述的倾向仅仅是表面的。这些学生嘲弄和戏弄别人——这是青年人的生气的一种常见的表现形式。现在问题就产生了：在玩耍的背后有多少认真的成分？在生气勃勃的表面底下有多少明智的成分？在这里，气质作为一种因素将发挥作用。带有一种自信的气质的人的游戏终将结束；但是脾气的乖戾是天生的，如果游戏变得认真起来，就像通常所发生的那样，那么危险就可能来临。孤行专断也起到一份作用，它通过各种各样的方式表现出来。在一种人身上的表现形式是，他们对自己的力量（身体的或心理的力量）抱有信心；在另一种人身上的表现形式是，他们知道自己的弱点——对于未来使用诡计或狡诈的行为，他们或者具有或者没有内心的异议，因此也或多或少地承认较强的力量或权威。总的来看，热情的游戏极少是认真的，但也许表明了一种灵敏性和一种摆脱约束的倾向。游戏中的精明是能力的一种表现，表明此人能够看清对手的观点，并且能够预见对方的计划。相较于懒惰、没有好奇心或者不认真等多种表现，对游戏的热爱更受教师的欢迎；如果学生有时由于一场游戏而忘了功课并且耽误了时间，那是较小的错误；如果行为放肆、贪婪、不坦率或者交友不慎，情况就较为严重了，有时确实非常严重。在这种情况下，就教师而言，采取果断的干预是必要的。

第二百九十六条

因为勇气和推理能力会随着年龄而增长，所以单纯软弱的缺点尚留有改善的余地和希望，尽管需要使其养成一种增益精力的生活方式（身体强健和心理健康），并且在特殊情况下还需要给予劝告和责备。在持续小心的照管下，懦弱的的性格会有较大的改善（其改善的程度会超过人们最初所想象的程度）。

第二百九十七条

在身体健康和没有受到外界刺激的情况下，不安定和持续的焦虑是不大好的迹象。此时，应注意思想的关联性。不管大体上有多少变数，只要思想是健康的、完全连贯的，这种焦虑就不是一件严重的事情。当出现相反的情况时，情况就比较糟糕了，尤其是当血管系统出现严重的过敏，并且存在梦幻般的出神的现象时，就更加严重。这样的学生，以后发生精神错乱的潜在危险是可以预见的。

对于这样的学生来说，适当的处理办法是：要求他们严格地完成一定的功课（尤其是那些不得不对外部世界进行仔细观察的作业），要求他们在所布置的功课上取得成绩，同时务必鼓励他们自愿地开展活动。

第二百九十八条

随着学生年龄的增长，肉体上的欲望和暴躁的脾气容易越变越坏。针对这些，教师必须进行仔细的监督和严肃的责备，并坚持所有严格的道德原则。可是，对于激情的顷刻迸发，需要温和地加以处理（即把这种迸发看作需要预防和警惕的毛病），除非学生持续固执地试图为这种迸发辩护。

第二百九十九条

到目前为止，以上所提到的这些缺点多半是表面的。其他的缺点必须借教学的机会加以研究。

有些学生的头脑是如此迟钝，以至他们甚至仅仅想要使他们思想的某些部分之间建立明确的联系也不能成功。我们提出一些容易的问题只是想要使他们的观念进入意识，而这些问题增加了必须要克服的阻力。他们陷入了窘境，他们试图摆脱这种窘境（有时通过一句"我不知道"去加以摆脱，有时通过最初得出的错误答案去加以摆脱）。他们的心理活动必须要加强，然而始终还是很薄弱，只有在年龄更大一些的时候，并且在必要的压力之下，他们才能够在有限的范围内变得灵巧起来。其他一些学生，人们倾向于称他们为缩手缩脚的人（而不是缺乏创见的人），因为他们能够成功地进行模仿（但只是在一个狭窄的范围内），他们表现出一种强烈的想要努力学习的愿望，但他们只是机械地学习，凡无法机械地学习的东西，他们就会错误地理解。这些学生能够做出并表达判断，但他们的判断是错误的，因此他们最初缺乏信心，然后就变得固执起来。而且还有那样一些学生，他们的观念难以改变；更有另外一些学生，他们的观念会一直保持下去。这两种学生需要我们仔细探讨。

第三百条

在各种各样的观念群（见第二十九条）中间，有一些必定始终是很突出的，而另一些则交替地忽来忽去。但是，如果这种关系发展到最充分的程度，并且过早地确定下来，那么占支配地位的观念就不再容许别人对它们有所控制，而这种控制对于接受教学所提供的新材料来说是必要的。这一事实说明了以下这种经验，即聪明的学生（尽管他们专心致志于接受教学）有时看起来好像接受能力不强，而且头脑的刻板似乎在学生的少年时代就已出现（事实如此），而这种刻板在学生以后的成年期内是必然会形成的。没有人可以允许自己被引入歧途，以至用称赞的话（诸如有关力量和活力的话）去庇护这种狭隘性；同样，无论如何，不应该不考虑笨拙的教学及其后果，不能以为它们与这一事态无关。

因为更确切地说，我们可以认定，通过很早就开始的各种教学（假如这种教学与各种有吸引力的、不太困难的任务相结合），以上提到的缺点也许基本上是可以避免的。另一方面，心理上的紧张不安一旦形成，即使通过任何办法和许多教师的艰苦努力也不能够消除。当一个 6 岁儿童的问题所引起的忧虑出自狭隘的视野时，应该毫不迟疑地采取种种刺激的方式，尤其是要在可行性上把学生的经验拓宽到最大的程度。

第三百零一条

另一方面，常常可以发现这样的孩子（甚至年轻人），在他们的头脑中，没有一个思想群会达到任何一种非常显著的活跃程度。这样的孩子总是愿意接受每一种印象和任何思想变化。他们喜欢愉快地闲谈，并且会性急地插嘴。他们属于那种学得快、忘得也快的人。

这种缺点一旦固定下来，就会抵制所有的技能和好的意图；从这种情况的真实性质来说，决心的强度无从谈起。可是，根据儿童最早受到的环境的影响来看，情况的严重性是不同的。如果这些环境的影响是使人分心的，那么以上提到的缺点就会惊人地变大（即使在其他方面具有很好理智的人身上也是如此）。但是，某种形式的必要的重视已在稳定地起作用，青年人将提高自己的水平，超过少年儿童对行动的关注。不管怎样，教师最不能够允许自己辜负了对学生才能的未来发展的期望，这种才能通过表面的机灵（也许与古怪离奇的幻想结合在一起）和大胆的玩笑等表现出来。学生的才能通过不断的努力得以发展，甚至在不利的情况下也能表现出来，在学生明显地做出这种努力之前，我们不应该怀有支持这种才能的想法。

以上所讨论的两种缺点也许最后的确会表现出来；然而，它们是生来就有的缺点，并且能够被减轻，诚然，它们也不能完全被纠正。

第三百零二条

更容易对付的是一些精力旺盛的人的反复无常的行为（他们会具有强烈的热情）。良好教学的彻底性和多面性显然能够对此起到矫正作用（这种教学强调并且旨在产生合理的联系和心理的平衡）。

第三百零三条

早期的管理、教学和训练不当，或者疏忽了管理、教学和训练，有可能使学生产生一些缺点，而如果最初就对这些缺点加以预防，那么工作就会更容易些。但是随着时间的推移，纠正缺点的难度会很快地增加。一般来说，应当注意：如果在早期忽视了管理、教学和训练之后，在改善了处理方法的情况下，那些属于6岁或7岁孩子的问题似乎有某种推迟出现的迹象，那么教师就有充分的理由感到庆幸了（见第二百一十三条）。

第二章　道德缺陷的根源

第三百零四条

在这个标题下,五个重点被提出来加以考虑:

(1)儿童的意志冲动的倾向。

(2)道德判断及其缺失。

(3)准则的形成。

(4)各种准则的统一。

(5)统一后的各种准则的应用。

第三百零五条

(1)只要训练没有规定活动和时间的分配,我们就总是会遇到某种活动,这种活动没有目标,并且忽略了目的。从这样一种事态中就产生了一种对自由的渴望,而这种渴望反对所有的控制,并且,若干学生被聚集在一起,相互竞争,或者是为了获得某些东西,或者是为了炫耀自己。每个人都想要争第一,故意不愿承认所有公平的品质。相互对立的意志潜伏着,并且暗中等待时机突然爆发出来。这就是许多激情的根源;甚至那些出自过度的感觉的东西也必须被归入这第一点(它们因缺乏有控制的活动而得以助长)。由激情所造成的破坏是一种渗透性的成分,我们将在下面的主题范围内进行讨论。

第三百零六条

(2)确实,教育通常抵制懒惰和不守规矩的倾向,不仅利用鼓励和约束去抵制,而且通过礼仪方面的引导去抵制;引导学生去思考"别人将会说什么",能够使他们通过别人的观点来了解现状。但是当这些人被迫保持沉默,或者当学生确信这些人偏心,又或者当这些人面临判断的错误时,其结果就是败坏道德的判断，而不是激发道德的判断。

然而，叫学生注意别人的判断（不仅仅是特定个人的判断），比等待道德判断的自发醒悟要好得多。在大多数情况下，等待将是徒劳的。道德上的重要事情对于普通人（当然也包括那些不受干涉的孩子）来说，或者过于接近，或者过于遥远，也就是说，要么这些事情尚未超出他们好恶的范围，要么这些事情正在或者已经从视野中消失。无论在哪种情况下，道德的判断都无法成功地形成。至少，在道德判断能够产生效果之前，它将销声匿迹。

为了做出那些道德判断（而道德则依赖这些判断），儿童必须理解意志的形象，在他自己的意志冲动没有被激发起来的情况下理解它们。

此外，这些意志形象必须包含一些关系，这些关系的单个部分本身就是意志，并且观察者应该对这些单个的部分一视同仁，直到他自动地做出价值的判断。但是，这要求观察者具有理解的敏锐性和沉着性，而在不守规矩的儿童身上是不能期待他们具有这种敏锐性和沉着性的。因此可以推断：训练是多么必要——要进行认真的训练，而不是苛刻的训练。不守规矩的行为必须受到约束，经常的注意必须得到保持。初步的条件得到满足后，还必须对前述的意志形象进行足够清楚的描述。尽管那样，学生的道德判断还是经常形成得如此迟缓，以致不得不以其他人（更权威的人）的名义来做出这种判断。

第三百零七条

在这种因果关系中，道德判断的片面性的一些例子不应当被忽视，例如当实践观念中的一个比另一个更突出时，或者当表面上看来是正确的观念高出其他所有的观念时，我们都要注意。

第三百零八条

（3）所有的愿望都不断地影响并产生情绪激动的起伏状态（因此可被称为激情），这些愿望导致有益的和有害的经验性的知识。有益的知识促使人们在未来经常述说这种愿望，有害的知识则会使人不断地避免这种愿望。因此，生活的规则就定型了，始终遵守这些规则的决心也形成了。换言之，准则就产生了。

当然，从纯粹的决心到实际的遵守还有一大段距离。但是对规则的普遍有效性的要求（个人可以认为规则既适合于他自己，又适合于他人），相较于在道德判断的引导下进入学生的头脑（道德判断的一般要素很难从特定的单个的例子中抽象出来），它更直接地作为愿望进入学生的头脑（这种愿望提前指向未来类似的情况）。实际上，这种困难经常是如此之大，以致在寻求普遍性的过程中道德判断本身也许就被遗漏了。

第三百零九条

现在，积极向上和忠于职守的精神一旦被承认并且通过所采纳的准则而确定下来，就会经由道德判断传下去。因此，正确的道德判断以真正洞悉意志的价值为前提，而这种洞悉只有通过伦理学的总体评价才能获得。但是考虑到刚才所指出的情况，我们必须料到会产生不正确的或者至少是不准确的准则。这些不正确的或者不准确的准则涉及荣誉、社会责任和受人嘲笑的可能性等。

第三百一十条

（4）准则应当形成一个整体，但是在青年人身上，这些准则不是完全确定的（甚至也不是各自确定的），更谈不上它们被紧密地统一成一个明确的整体了。还有一些例外的限制性条件和这些准则连在一起，因此未来这些条件也要通过经验去检验。

由愿望和乐趣产生的准则永远不能与那些出自道德判断的准则达到完全一致。因此，错误的从属关系就会产生，或者，无论如何，后一类准则会被前一类准则污染。

第三百一十一条

（5）在或多或少相互统一的准则的应用中，当前重要的选择常常会比以前的决心更强。因此，人们往往会倾向于容忍和同意理论与实践之间的区别。其结果就是必然会产生一种道德的经验主义，如果没有别的东西去为这种经验主义对于道德法则的漠视做辩护，那么这种经验主义就会求助于有善良意向的感情。人们有时会不考虑一些准则而做出行动计划，但是也会用另一种合乎道德的生活去加以明显的补偿。

这种对道德判断的轻视更加蔓延开来，并且使道德上的堕落更加扩大蔓延开去，于是，品行所必须依据的伦理学判断就更加缺乏一种清晰性（而这种清晰性应该显示出伦理学判断的特征），学生的知识就更会具有一种天然的对立性（这种对立性体现在伦理学判断和功利的准则或由乐趣所产生的准则之间）。

第三百一十二条

形成和统一准则的天然的辅助物就是实践哲学体系本身。但是实践哲学的教学会有一些困难。其中一个困难就是，在年轻人中间，在系统的讲解和他们已经达到的文化程度之间存在着显著的差距。学生参加基督教的坚信礼之前的宗教教学就提供了一种机会让我们对这方面进行观察。当然，这种教学如何进行绝不是不重要的，但是，教学所积聚和强化的道德情操必须实际上已经存在于学生的头脑中。

还有，对于道德情操来说，如果所追求的目的是更严格的科学形式，那么就应该有根据地认为：学生能够正确评价那种形式，并且获得了使用符合逻辑的方法的技能。逻辑学的学习（再加上适当的经验）显然是一种必要的预备步骤。此类先决条件需要牢记在心，在较低等的学校和其他所有通常与大学不相衔接的学校中尤其如此。

第三百一十三条

此外，错误的伦理学体系也许会导致人们采取非常不合理的措施，因为该问题的重要性，所以关于这一点必须要说几句。如果不去促使一些准则结合在一起，不把一些准则统一在美德这一观念之下，而是试图从绝对必要的范畴中的某一个公式出发去推断出大量的准则来，并且从这些准则出发（而不是从最初的伦理学判断出发）去演绎出对于意志价值的判断，而最后的任务也许是通过这种行动计划去转变意志本身，那么，一切东西都将被弄颠倒。

正相反，当通过伦理学判断去向学生指出行动方向时，必须及早通过管理和训练给予意志这种指导，这样意志的倾向路线就将自动地、尽可能接近地与后来所揭示的路径保持一致。以上特别提到的那些恶行的苗头（见第三百零五条）根本不应当被允许出现，因为它们的后果通常是根深蒂固的。但是，即使如此，能否通过别人的错误开辟一条通向更为正确的判断的道路，这一点也仍是不确定的。可是，当两个目的都达到时，接下来就必须求助于经验、历史和文学，这是为了清晰地说明，基于乐趣和激情的准则会使人陷入何种混乱状态。直到这时，才可以开始或多或少地进行系统的讲授，或者开始让学生学习合适的经典作家的作品。最后，仍然需要经常提醒学生服从道德的要求，并且我们将会发现，通过对宗教人物的思考来强化这些提醒也是必要的。

第三章　训练的作用

第三百一十四条

1．训练可预防激情的过度产生，这种训练：

（1）满足一些需要；

（2）避免能产生强烈愿望的机会；

（3）提供一些活动；

（4）使学生习惯于秩序；

（5）要求学生反省和具有责任心。

2．训练能影响情绪，这种训练：

（1）控制情绪的强烈爆发；

（2）使学生产生别的情绪；

（3）使学生加强自我控制。

3．训练使学生铭记生活中的礼貌（抵制不好的行为方式），因而：

（1）使得个人的行为举止基本做到始终如一；

（2）使学生进行社会交往的时间点远多于争吵和争论的次数；

（3）当某些个人的发展受到妨碍时，假如过分的严厉可以避免，那么更重要的精力是不会受到抑制的。

4．训练使人小心谨慎，因为：

（1）训练约束莽撞的行为；

（2）训练要求学生提防危险；

（3）训练惩罚学生是为了使他们变得更聪明；

（4）训练监督人并且使人习惯于被监督。

第三百一十五条

从总体上看,训练的这些明显的和熟悉的作用会马上表明:一般来说,训练减少学生恶行的力量是很大的,并且能够有效地对各种各样的观念群的相互关系起作用。但是,这些作用也暗示着危险的存在。通过从表面上对恶行加以压制,训练也许会引起一些暗中的坏行为。

第三百一十六条

当这种情况发生时,师生之间的关系会变得愈来愈不正常,因为暗中的行为会变成普遍的和一致的行为,学生在教师面前会做出一种装模作样的行为。

其结果众所周知:一旦发现,教师就会以毫不宽容的严厉态度去对待这种隐蔽的过错;至于公开的过错,则予以极大的宽容;为了使那种隐蔽的行为方式不脱离教育,可求助于监督的方法,甚至常常求助于暗中进行的监督。

第三百一十七条

习惯性地参予监督者和隐瞒过错者之间的争斗会降低教师的尊严。教师不必要求知道一切,虽然他也不应该允许他的自信被愚笨的或持续的欺骗损害。

可是,这样的困难只是使得以下这一点变得更为迫切和必要,即从一开始就要打好教育的基础,那时对孩子的监督还是容易的,并且一些形成性的影响能够对学生的心灵起作用(那时起作用的把握大于以后),如果可能,家长在任何时候都不应该忽略他们自己的教育责任。

伦理学的和道德的判断能够被模仿;最美好的准则和原则可以通过死记硬背来学习;虔敬的行为可以伪装。无论如何,如果我们揭露虚伪的人,并且把他赶走,但是他也可能会即刻又在别处重新玩弄他的花招。我们只能求助于严厉的管教(使他不敢犯错),并且使他在严密的监督之下经常有事可做(此外别无它法),这样做的目的是使他脱离其不端行为的藏身之地。有时候放逐也能够使人进步。

第三百一十八条

在社会关系中，意志是最容易直接控制的，只要这种意志是作为共同的意志而出现。儿童在婴幼儿时期完全依附于母亲，这时通过母亲，儿童是容易管理的；在稍后一个时期，当训练在年轻人中间促进相互依恋的情感，并且用心地培育德性的种子时，训练最有把握获得成功。通过教学而净化的社会观念必然会渐渐产生。

第三百一十九条

但是早在少年时期，小团体就出现了，派别也形成了，对于这样的实情，教师不能丧失警惕性。

当我们给予某些年长的、经受过考验的学生的权限多于那些年幼的、在做判断时还不太谨慎的学生时，前者就会变得有责任心；但是，后者也不能被排除他们自己的想法，不能强迫他们去服从前者的每一个要求（尤其是当这些要求明显不合理的时候）。

第四章　主要的错误和缺点[1]

第三百二十条

首先,有必要区分学生所犯的错误和学生所具有的缺点。一个学生所犯的错误并不都是他所具有的那些缺点的直接表现;但是,那些屡犯的错误也许会成为永久性的缺点。必须搞清楚这种实际情况,并且必须使学生的头脑竭尽全力牢记这一点。

第三百二十一条

由于未曾意料到而受外界的驱使造成的错误或不顾自己坚定的决心而做出的错误举动,通常也会使学生自己感到吃惊。在这种情况下,一切取决于他的过错与他所受到的惊吓程度相比较的严重性。

有许多不严重的缺点、大的错误,甚至一些导致损失的行为,会大大地耗尽教师的耐心;但是,如果教师通过严厉地处理这种过错而打击了学生的直率态度,那么将意味着对于道德教育的困难的一种错误的观念。直率是一种太重要的因素以至不能被牺牲,并且一旦失去,就永远难以完全恢复。

第三百二十二条

但是,对于初次说出的带有恶意的谎言、初次偷窃行为,以及有害于道德或健康的类似行为,必须加以严厉的处置,并且应始终采取以下这样一种方式,即使那些认为自己可以有少量缺点的学生真正感到忧虑和受到责备。

---

[1] 德文中的"fehler"和英文中的"fault"一词既可按"错误"解释,又可按"缺点"解释,具有两种意思。——中文译者注

第三百二十三条

当学生试图观察他们在多大程度上可以漠视权威和命令而不受惩罚时，最初的过错也需要受到严肃的对待。可是，重要的是不要过高地估计这些企图的目的；同样重要的是应显示出力量，但不要发怒。然而在有些情况下，因为与冷漠结合在一起的必要的处理只会加剧学生辛酸的感觉，并且引起学生过长时间的痛苦，所以教师似乎必须带着某种热情去行事。但是，只要消除已有的冷漠，学生良好的情感就很容易表现出来。

第三百二十四条

在缺乏管理和训练的一段时期过去之后，一旦恢复了完善的秩序，很多缺点就会自行消失，因此也不需要一个一个地加以克服。尊重秩序，足够有力地激发学生参加定期的活动，这些才是主要的事情。

第三百二十五条

学生所具有的缺点常常就是社会的准则所要纠正的（而这个社会则是学生所希望进入的）。使他成为一个好学生就成了教育的职责，如果可能，还应完善他对人际关系的看法，以使他抛弃他以前所看重的那些虚假的现象。

第三百二十六条

较年长的学生所具有的缺点实际上很少是独自存在的。此外，这些缺点很少被完全显露出来；它们的暴露是由对有关情况的慎重考虑所决定的。在教育期间，这样的缺点确实能够被防止进一步恶化，但是，在学生变得更谨慎之前（这时他们因隐瞒缺点而感到自豪），并且对道德价值的真实判断变得更敏感之前，要彻底改正那些谨慎地遮掩起来的缺点是很难想象的。

如果教师发现年长一些的孩子和年轻人具有尚未发挥的才能，而且能够安排教学去发展这些才能，那么就能提供一种与那些已经养成的习惯相抗衡的力量。但是，一般来说，对人持久改造的努力只有在小时候才能成功。无论如何，如果有许多地方需要改进，那就必须使学生长时间地保持对严格训练的依赖感。

第三百二十七条

为纠正那些在一定的社会阶层（学生认为自己是该社会阶层的成员）内所不能容忍的缺点而付出的努力有希望获得成功。两种因素决定了恰当的做事方式：一是使学生了解他所在的社会团体最有价值的东西的重要性，二是一种不可避免的必要性，即促使他发现该社会团体的一些不太好的特征，免得他有一天发现社会中还有他固有的缺点自由活动的范围。

第三百二十八条

在此，教师已经清楚地认识到学生接受教育的能力以及这种能力的局限性。当孩子接近成年期的时候，他们任由出身和外部环境给他们指定自己将要隶属于的社会阶层。一旦其所属的社会阶层被限定，他们就试图学到该阶层的生活方式，并且试图进入该阶层的主流人群。在成长的过程中，他们接受了崇高的目的，接受了知识和看法，这些东西一方面与教学所提供的、训练所给予的东西一样多，另一方面与每个人的个性易于被同化的程度成比例（最初的影响进一步地决定了个性）。以下这种人是很少的例外，他们通过某种非常强烈的兴趣的发展（在宗教、科学或艺术方面），对他们所在的社会阶层的吸引力已经变得不敏感了。他们的发展方向已经由引起这种兴趣的教学规划好了；今后，他们就自动地探究那些符合所期待的目的的东西，并且只接受我们向他们提供的内容的一小部分。

第三百二十九条

在激发抵制特定错误的动机的过程中，学生表达自己对社会的态度的具体方式（特别是其头脑中更看重他与国家的关系，还是更看重他与家庭的关系）应受到适当的考虑。确实，也同样要考虑对那些动机的要求，通过那些动机，我们试图更加努力地在大体上确立一种克服道德缺陷的东西。

第三部分　教育组织的评论

第一章　家庭教育

第三百三十条

个别教师在发现自己的努力遇到阻碍时，他也许就容易开始认为：只要社会愿意并有必要的认识，它就可以做任何事情。可是，进一步的思考表明，国家和家庭都存在其特有的困难。

第三百三十一条

国家需要士兵、农民、工人、官员等，并且关心他们的工作效率。有很多人，他们作为个人的存在只有在一个狭小的范围内才有意义，一般来说，国家对于他们的态度，与其说是考虑对他们的直接帮助，不如说是设计监督的手段以防止他们可能造成的危害。能够做出足够贡献的人就能受到提拔；而弱者必须为强者让路；一个人的短处由另一个人来弥补。

第三百三十二条

国家检验那些能够被检验的行为和知识的学习。国家不能看穿人的内心和灵魂。公立学校的教师也不能更进一步地深入学生的内心世界；与其说教师关心学生个人，也关心学生把他的知识与自己联系起来的方式，倒不如说教师更关心他们所传授的知识的总量。

第三百三十三条

可是，对于家庭来说，没有一个陌生人能够补足其任何一个成员所缺乏的东西；对于家庭来说，内心的状况变得如此明显（它经常被强烈地感受到），以至单靠外部的条件是不能令人满意的。因此，显而易见的是，道德教育基本上始终是一项家庭的任务，并且人们只有在考虑到补充家庭教育的不足时，才会出于教育的目的而求助于国家的机构。

但是，通过更仔细的观察可以发现，家庭生活对于那些严格的要求来说常常是太忙碌、太小心或太嘈杂了（不能否认，严格的要求是教学和道德这两者所需要的）。对于青年人来说，奢侈和贫困同样都包含着危险。所以家庭要更多地依靠国家的支持。

第三百三十四条

私立机构不具有国家或家庭所具有的那种动力，也很少能够使它们自己不被别人加以比较，因为事实是：私立机构在某些情况下被指望去代替公立学校，在另一些情况下则被指望去代替家庭。

然而，健全的头脑不需要模仿学校中所流行的东西，相较于公立学校，在私立教育机构中，学生能够被指导得进步更快，并且对他们的教学更容易适合个人的需要。此外，至于训练，对于那些可能由环境所产生的恶习，相较于在许多家庭中可能做到的程度，在私立教育机构中则能够更成功地加以预防。

如果这里所讲的教育机构能够在许多教师和学生中间挑选人员（再加上别的有利情况），那么它们也许能够取得更好的结果。但是，仅仅是挑选学生这一件事就表明，它很少能满足教育的全部需要。而且，即使是那些被选中的学生也会带有他们最早所受到的影响；他们会赞同某些社会情况（他们相信自己是注定要碰到这些情况的）；个性的缺点（见第二百九十四条）将依附在他们身上，除非这样的缺点在挑选之前被清楚地认识到，并且通过排除加以避免。

第三百三十五条

另外，教育必须尽可能地回归家庭。在许多情况下，私人教师将是必不可少的。文科中学的工作做得越好，就越不能缺少在学术上训练有素的教师。

还必须注意，最先进的教学并不是最困难的，而是所有教学中最容易的，因为这种教学的传授方式最符合学生接受知识的方式。因此，人们如果认为私人教师只能提供一种等同于文科中学最低年级的教学，那就错了。一种更大的困难在于，即使最老练和最灵敏的私人教师也不能像一所学校那样提供那么多的课时，因此，更多的学习必须依靠学生自己的努力。诚然，这种教学方式恰好更适合聪明的学生（有的教学方式必须适合许多学生，出于这个原因，那种教学的进度很缓慢）。

第三百三十六条

但是，家庭教育的先决条件是：家庭中要得出正确的教育学观点，不能让荒谬的怪念头或一知半解的想法占据家人的头脑。［尼迈耶的名著《教育与教学的原理》(*The Principles of Education and of Instruction*)是每个受过教育的人都可以理解的，并且许多年来一直广为人知。］

第三百三十七条

如果教师（私人教师或公立学校的教师）经常变化，因此导致了教学和方法的不一致（而这种不一致是需要加以纠正的），那么家庭中就更需要正确的教育学知识了。

第二章 学校

第三百三十八条

一方面，学校系统和地方当局有联系，另一方面，学校系统和国家政府有联系，这就构成了一个巨大而困难的问题，这个问题不仅涉及教育学的原理，而且涉及一些目标，比如高等教育的维持、有用的信息的传播以及必不可少的技能的练习。在大学里，关于这些话题只要讲几句就足够了，因为接受了学校教师职位的年轻人同时就承担了各种职责，而这些职责是长期以来所形成的，它们为这些年轻人指出了他们必须走的道路。

第三百三十九条

首先，他们必须考虑他们将要任教的学校的性质。学校的教学大纲为他们提供了各种信息，包括课程的范围、各科教学相互之间已有的关系以及各个科目的不同阶段。教师会议使他们认识到自己与当局、家长、监护人以及学生的多重关系，也使他们认识到教师之间的关系（这种关系会引发一种合作，而这种合作或多或少是完美的）。为指导高、中、低各阶段学生而在教育上所付出的全部努力一目了然；他们也将知道：学生从哪里来、有何种准备、毕业后通常去哪里。

第三百四十条

显然必须区别对待的是，学生是否盼望上大学，或者文科中学的学生是否打算接受高等教育；市民学校是否要举行毕业考试，以表明普通教育达到的程度（而学校则被期望要促使其学生达到该种程度），或者学生是否根据他们各自家庭的利益，无须明确的理由就能入学和离校；初等学校是否仅仅是作为文科中学或市民学校的预备机构来开办，还是说初等学校的课程是要为未来的工匠提供少年阶段的合适的教育，等等。

相较于德国的学校系统，美国的学校系统在这方面具有极大的优势，后者在每一所小学中都设立有一架教育的阶梯，来自任何社会阶层的任何儿童都可以攀登至他想要到达的高度，或者攀登至他的财富和能力所允许的高度。在一个民主国家中，这是唯一合适的制度，在这里，机会应该对所有人开放。即使为了获得更大的成就（超过德国的学校系统已经取得的成就），为了使每一个有抱负的人都能够有所进步，一个民主国家也不能承担因为损害其目前的组织而造成的损失。

第三百四十一条

在每一种情况下，已开始的正式的活动都必须严格地适应于整个教育工作，适应于所制定的教育工作的纲要。这些决定了知识积累的比例和细分（这些知识已准备应用于实际），决定了对学生已获得的知识的信任程度，并且决定了将要和学生谈话的方式。重要的是，教师应该在做好充分准备之后自信地出现在他的班级面前，教师应该注意和察看每一个学生，使每一个学生同时感到：对他而言，要从事任何老师未加注意的事情都是不容易的。

第三百四十二条

向学生提出的问题需要清楚和简洁，这些问题必须以自然而然的顺序依次提出。对学生的回答必须加以纠正，必要时应再重复一遍，以便所有学生都可以听见。中间的停顿不应该过分地延长；对学习较困难的学生所做的解释不应该使较优秀的学生感到厌烦和难以忍受。那些正在学习的学生必须得到帮助，但是不应该老是通过插话去打扰他们。思维的碰撞值得引导与鼓励，不要匆忙下结论。

教学满足这些要求所面临的困难是大还是小，将取决于班级规模的大小，取决于学生水平参差不齐的程度。

第三百四十三条

在布置作业时，必须尽可能地考虑每个学生的能力，使得没有人屈服于不好的情绪并且因为过分的要求而感到泄气，也没有人允许自己漫不经心地去应付一个对他来说太容易完成的任务。

第三百四十四条

学生重新分班所产生的参差不齐，或者其他的变化，这些都必须尽可能清楚地向领导部门指出来，其目的是力求达到一种更平衡的分布，并且减少过多的学生人数。

第三百四十五条

在逐步推进这种工作的过程中，许多缺点将显露出来。例如会发现，缺少了一位能够胜任一门重要学科的教师，或者学生存在知识和文化方面明显的参差不齐（这种参差不齐是由预备学校所造成的），或者学校——诸如那些小镇上的学校——开设了文科中学的课程，而其真正的目标是办成一所市民学校，如此等等，那么这样的学校就不是一所完备的学校了。

第三百四十六条

关于这样一些单一性缺点的报告只能导致学校制度中相应部分的改善，导致那些最麻烦的困惑的解除，因为想要使整个省的教育制度成为一个和谐的制度，想要立即建立这样一种制度，这是极不可能实现的。

第三百四十七条

但是，假如要对学校制度进行全面的改革，那就有必要容忍多种形式的学校的存在，甚至要特意去创建各种形式的学校。因为在所有人类的工作中，分工是取得更好的成果的正确途径；前面的讨论必定已经足够清楚地表明，教育工作的成功在多大程度上取决于更加有差别地去对待学生。

附录：赫尔巴特生平和著作年表

1776 年	5 月 4 日，赫尔巴特出生于德国西北部城市奥尔登堡（Oldenburg），父亲是当地的一位司法官。幼年跟随家庭教师——沃尔夫学派的哲学家于尔岑（H. W. Ultzen）牧师学习语言、逻辑和哲学等方面的知识。
1788 年	进入奥尔登堡五年制的拉丁文中学的二年级学习，该校于 1792 年改为文科中学。
1794 年	文科中学毕业，10 月进入耶拿大学学习法学和哲学。
1797 年	大学毕业后应聘去瑞士伯尔尼的贵族施泰格尔（N. F. von Steiger）家当家庭教师（至 1800 年）。期间撰写了给施泰格尔的 24 份报告。
1799 年	夏天专程去瑞士的布格多夫拜访著名教育家裴斯泰洛齐。
1800—1802 年	应邀旅居在不来梅（Bromen）的友人家中，潜心研究哲学。
1802 年	从不来梅移居哥廷根（Gottingen）。10 月 15 日通过博士学位考试和教授备选资格答辩，在哥廷根大学哲学院获得哲学博士学位和教授备选资格，并成为哥廷根大学私人讲师，讲授教育学、逻辑学、心理学和哲学等课程。发表《论裴斯泰洛齐的新作——〈葛笃德怎样教育她的子女〉》《裴斯泰洛齐的直观教学 ABC 思想》。12 月母亲去世。
1804 年	应邀在不来梅博物馆做了题为"论评价裴斯泰洛齐教

	学法的观点"的演讲。
1805 年	任哥廷根大学副教授。
1806 年	出版《普通教育学》《形而上学要点》《逻辑要点》等。
1807 年	完成《哲学导论讲演纲要》。
1808 年	出版《一般实践哲学》。
1809 年	应邀接任康德哲学教席,任柯尼斯堡(Konigsberg)大学哲学教授(至1833年),期间还先后创办了师范研究班及其附属实验学校、教学论研究所、教育研究所(podagogische seminar)。父亲去世。
1810 年	在柯尼斯堡的德意志王室协会做了题为"论公众参与下的教育"的演讲。
1811 年	和玛丽·厥克结婚。
1812 年	发表《论教育学的阴暗面》。
1816 年	出版《心理学教科书》。
1818 年	在德意志协会做了题为"论学校与生活的关系"的演讲。
1828—1829 年	出版《一般形而上学及哲学的自然学说开端》(上、下卷)。
1829 年	被任命为柯尼斯堡教育委员。
1831 年	发表《关于心理学在教育学中的应用的几封信》。
1833 年	任哥廷根大学教授(至1841年),讲授哲学和教育学,期间还担任过该大学的哲学院院长。
1835 年	出版《教育学讲授纲要》。
1838 年	完成《对1837年哥廷根危机的回忆》。
1840 年	写成《心理学研究》。
1841 年	编纂《哲学辞典》。8月14日在哥廷根病逝。

译 后 记

1835年出版，1841年再版的德国著名教育学家赫尔巴特的名著《教育学讲授纲要》，新的中文翻译本即将出版了，我们心里有种莫名的激动，写上几句译后记与读者交流。

赫尔巴特是一位哲学家、心理学家，更是一位教育学家，长期在大学担任教学工作，创办过师范研究班及其附属实验学校、教学论研究所和教育研究所等。1806年，他出版了《普通教育学》，1835年，又出版了《教育学讲授纲要》，中间间隔了将近30年。这两本著作奠定了赫尔巴特在教育学发展史上的巨匠地位，就如同心理学成为一门独立的学科与冯特的开创性贡献分不开一样，当我们说到教育学成为一门独立的学科时，总是与赫尔巴特联系在一起。赫尔巴特的教育学十分重视心理学的基础和伦理学基础，重视儿童或者学生的年龄特征和个性品质，开创了教育学科学化的征程。赫尔巴特的教育学思想是人类共同的文化遗产。赫尔巴特一生，主要是学习与教学的一生，学而不厌，诲人不倦，绝对是他真实的写照。

大家一直认为，教师的教学和教育活动是一项十分复杂的工作，需要扎实的生理学、心理学、教育学、伦理学和社会学等知识基础，这是一种教育的本体论知识。虽然我们现在已经进入了一个信息化的时代，社会的各个方面已经发生了巨大的变化，但是，赫尔巴特穷其毕生所探究的教育学理论，仍然有着巨大的感召力和穿透力，吸引着我们去继续探索。阅读赫尔巴特的教育学著作，当然有着一种向经典致敬的情怀，但何尝没有一种拷问现实的需求呢？有时候，当我们走得太快的时候，需要停下来想一想，看看我们曾经出发的地方。经典的教育学理论，尤其是像赫尔巴特的教育学理论、杜威的教育学理论、凯洛夫的教育学理论，等等，是不是蒙上了厚厚的灰层让人难以近身？它们是不是如同发了霉的奶酪全然可以被弃置不顾？我们是不是该顶礼膜拜把它们当作宝书捧在手心里？这些问题的答案都是不言自明的。在实现教育学"科学化"的漫漫征途中，阅读经典，是为了汲取力量；阅读经典，定能够汇聚能量；阅读经典，还应该砥砺精神；阅读经典，更需要磨炼心智。

在本书即将出版之际，我们要特别感谢中国轻工业出版社"万千教育"总策划石铁先生和编辑部主任吴红先生，他们两次来到浙江大学与译者和部分教师座谈交流翻译和出版包括本书在内的教育经典名著丛书的设想；衷心感谢本书编辑团队辛勤和细致的工作。我们还要特别感谢本书德文版的翻译者李其龙教授，正是他长期研究赫尔巴特的教育学理论，依据德文版翻译了中文版的《教育学讲授纲要》（人民教育出版社，1989年版），从而为我们由英文版翻译该书提供了有益的参考。本书中的大量"评注"是原德文版中没有的，系美国康奈尔大学的查尔斯·德加谟教授所撰写，这也是新版中文版的一大特色。

本书的翻译工作主要由浙江大学教育学院教学论研究专家盛群力和外国教育史研究专家赵卫平通力合作完成，这也是我们两个老同学共事一场，在退休以前向年轻教师交付接力棒的一种纪念。赵卫平负责完成了全书大部分内容的翻译，盛群力负责完成了第二编第二部分"教学"的八章内容的翻译。衷心感谢博士生钟丽佳协助盛群力完成部分内容的翻译。本书的翻译确实是一项十分复杂和困难的任务，尽管译者尽力使之完善，但是，肯定还会存在一些错误和疏漏之处，敬请读者予以批评指正。

盛群力 赵卫平
2016年12月12日于浙江大学